725-95. — CORBEIL. Imprimerie CRÉTÉ.

FABLES CHOISIES

DE

LA FONTAINE

TABLE

La Cigale et la Fourmi	7
Le Corbeau et le Renard	8
La grenouille et le Bœuf	9
Les deux mulets	9
Le loup et le Chien	10
La Génisse, la Chèvre et la Brebis, en société avec le Lion	12
La Besace	12
L'Hirondelle et les Oiseaux	14
Le Rat de ville et le Rat des champs	16
Le Loup et l'Agneau	17
Les Voleurs et l'Ane	18
La Mort et le Malheureux	18
La Mort et le Bûcheron	19
Le Renard et la Cigogne	20
Les Frelons et les Mouches à miel	21
Le Chêne et le Roseau	22
Conseil tenu par les Rats	24
Les deux Taureaux	25
La Chauve-souris et les deux Belettes	26
Le Lion et le Moucheron	27
L'Ane chargé d'éponges et l'Ane chargé de sel	28
Le Lion et le Rat	30
La Colombe et la Fourmi	30
Le Lièvre et les Grenouilles	31
Le Coq et le Renard	32
Le Corbeau voulant imiter l'Aigle	33
Le Meunier, son fils et l'Ane	34
Les membres et l'Estomac	36
Les Grenouilles qui demandent un Roi	37
Le Renard et le Bouc	38
Le Loup et la Cigogne	39
Le Renard et les Raisins	40
Les Loups et les Brebis	41
Le Lion devenu vieux	42
La Belette entrée dans un grenier	42
Le Chat et un vieux Rat	43
Le Jardinier et son Seigneur	45
L'Ane et le petit Chien	46
Le combat des Rats et des Belettes	47
Le Geai paré des plumes du Paon	49
Le cheval s'étant voulu venger du Cerf	50
Le Renard et le Buste	51
Le Loup, la Chèvre et le Chevreau	51
Le Loup, la Mère et l'Enfant	52
Parole de Socrate	53
Le Vieillard et ses Enfants	54
L'avare qui a perdu son trésor	55
L'œil du Maître	57
L'Alouette et ses Petits	58
Le Bûcheron et Mercure	60
Le Pot de terre et le Pot de fer	61
Le petit Poisson et le Pêcheur	62
Le Renard ayant la queue coupée	63
Le Laboureur et ses Enfants	63
La Fortune et le jeune Enfant	64
La Poule aux œufs d'or	65
L'Ane portant des Reliques	65
Le Cerf et la Vigne	66
Le Serpent et la Lime	66
Le Lièvre et la Perdrix	67
L'Aigle et le Hibou	68
L'Ours et les deux Compagnons	69
L'Ane vêtu de la peau du Lion	70
Le Lion et le Chasseur	71
Phébus et Borée	72
Le Cochet, le Chat et le Souriceau	73
Le Vieillard et l'Ane	74
Le Cerf se voyant dans l'eau	75
Le Lièvre et la Tortue	76
Le Soleil et les Grenouilles	77
Le Villageois et le Serpent	77
Le Lion malade et le Renard	78
Le Chartier embourbé	79
Les Animaux malades de la peste	80
Le Rat qui s'est retiré du monde	82
Le Héron	83
Le Coche et la Mouche	84
La Laitière et le Pot au lait	85
Le Chat, la Belette et le Lapin	86
La Mort et le Mourant	88
Le Savetier et le Financier	89
Le Lion, le Loup et le Renard	91
Les Femmes et le Secret	92
Le Rat et l'Huître	93
L'Ours et l'Amateur des jardins	95
Les deux Amis	96
L'Ane et le Chien	97
Le Torrent et la Rivière	99
Les deux Pigeons	99
Le Gland et la Citrouille	101
L'Huître et les Plaideurs	102
Le Chat et le Renard	103
Le Singe et le Chat	105
Les Lapins	106
Le Paysan du Danube	107
Le Vieillard et les trois jeunes Hommes	110
Philémon et Baucis	113

FABLES CHOISIES

DE

LA FONTAINE

ÉDITION

A L'USAGE DES CLASSES ÉLÉMENTAIRES

ANNOTÉE

Par Frédéric **GODEFROY**

Auteur de l'*Histoire de la Littérature française*, couronnée par
l'Académie française, et du *Dictionnaire de l'ancienne langue française*
couronné par l'Académie des Inscriptions et Belles-Lettres
(Grand prix Gobert en 1883).

3ᵉ édition

PARIS

GAUME ET Cⁱᵉ, ÉDITEURS

3, RUE DE L'ABBAYE, 3

Droits réservés.

PRÉFACE

Ce choix de *Fables* renferme ce que la Fontaine a écrit de plus parfait. Les enfants n'apprennent par cœur ni ne lisent rien de ce que nous avons omis, et nous aurions pu retrancher davantage si nous avions voulu nous borner au strict nécessaire. A la rigueur, cinquante fables auraient suffi, et les vrais chefs-d'œuvre du grand fabuliste ne dépassent pas ce nombre.

Que les enfants lisent et relisent ce recueil abrégé. S'ils ont su le goûter, ils aborderont plus tard avec un nouveau plaisir et un profit plus grand le volume qui leur sera offert de toutes les fables de la Fontaine qui peuvent être mises sous les yeux de la jeunesse.

Dans ce petit livre nous avons été sobre de notes. Ce qu'il faut aux jeunes enfants, ce sont des explications orales. Que les professeurs et les parents les approprient à leur intelligence et les multiplient selon leurs besoins.

Surtout que jamais on ne prescive à un enfant d'apprendre une fable avant de l'avoir lue avec lui, pour lui donner les éclaircissements de tous genres qui lui sont indispensables, si l'on veut que son esprit se développe en même temps que sa mémoire s'exerce.

Notre *Cours préparatoire* offre un choix de fables de Fénelon et de Florian qui forment comme le complément de ce volume et s'adressent au même âge.

Nous sollicitons les remarques des professeurs et des parents, et nous serons heureux de les utiliser pour les éditions ultérieures.

FABLES

CHOISIES

DE LA FONTAINE.

VIE DE LA FONTAINE

Jean de la Fontaine naquit, le 8 juillet 1621, à Château-Thierry, en Champagne. Son père, issu d'une ancienne famille bourgeoise de cette ville, exerçait la charge de maître particulier des eaux et forêts. Jean, après avoir fait de très-faibles études sous un maître d'école de village, entra, en 1641, au collége de Reims, et, malgré une invincible dissipation, il prit quelque goût de l'étude. A la sortie de ses classes, il lut quelques livres de piété, entre autres Lactance, et se crut de la vocation pour l'état ecclésiastique. En 1641, il entra à l'Oratoire ; mais il en sortit au bout de dix-huit mois, ne pouvant se plier à la règle. Rendu à la liberté, il n'en profita que pour s'abandonner à l'oisiveté et se livrer au plaisir, à Reims, à Château-Thierry, à Paris. A peine quelques heures étaient-elles réservées de temps en temps à l'étude.

L'opinion générale est qu'il ne sentit s'éveiller sa vocation poétique qu'à vingt-six ans, à la lecture d'une ode de Malherbe, mais on a trouvé des essais de poésie légère et un conte composés par lui avant cet âge. Il faut se borner à dire qu'à cette époque de sa vie la lecture de Malherbe, et surtout celle des anciens, à laquelle il se livrait assidûment, développèrent son penchant pour la poésie, et en même temps éclairèrent son goût et le firent revenir de son admiration aveugle pour Voiture, aux brillants défauts duquel il avoue s'être d'abord laissé prendre jusqu'à les imiter.

A vingt-six ans, il se maria. Il épousa une très-jeune femme, qui n'était ni sans agrément ni sans esprit, et que son père lui avait choisie dans une famille des plus honorables de la province. En même temps son père se démit de sa charge dans les eaux et forêts, pour la lui transmettre. Mais cet homme distrait, rêveur, paresseux et volage ne pouvait faire ni un bon administrateur ni un bon mari. Il vendit sa charge, et négligea sa femme.

La duchesse de Bouillon, Marie-Anne de Mancini, exilée à Château-Thierry, avait connu la Fontaine, et lui avait même, a-t-on dit assez légèrement, fait faire ses premiers contes. Rappelée à Paris, elle engagea le poëte à s'y fixer. Ses talents le firent rechercher du monde et lui procurèrent d'illustres protecteurs. Présenté par un de ses parents, nommé Jamart, au surintendant Fouquet, en 1654, il gagna ses bonnes grâces par son esprit et sa douceur aimable et enjouée. Il devint et resta pendant sept ans un des familiers du château de Vaux où il composa plusieurs poésies. Fouquet lui avait donné une pension, sous cette clause qu'il en acquitterait chaque quartier par une pièce de vers.

Un de ses parents, appelé Pintrel, homme instruit, lui conseilla de lire les anciens, de se pénétrer de leur manière noble et simple, et lui indiqua particulièrement Térence, Horace, Virgile, Quintilien, comme les meilleurs modèles et les meilleurs maîtres du goût. La Fontaine les lut, les admira et en fit des traductions.

Arriva la disgrâce du prodigue et ambitieux surintendant ; Jamart, son ami et son substitut dans la charge de procureur général au parlement, fut exilé, en 1663, à Limoges, où Mme Fouquet avait été reléguée. La Fontaine accompagna son parent dans l'exil, et alla quelque temps habiter Limoges avec lui. Pendant la route, il s'amusa à écrire à sa femme de longues lettres en vers et en prose, où il décrivait, dans un style peu châtié, les différents lieux remarquables placés sur son passage, entre autres le magnifique domaine des ducs de Richelieu en Touraine.

Après la condamnation de Fouquet, en faveur duquel il écrivit la touchante *Élégie adressée aux nymphes de Vaux*, 1661, et l'*Ode au Roi*, 1663, la Fontaine ne quitta plus guère Paris, dont le principal charme pour lui était la société de Boileau, de Molière et de Racine.

En 1664 la Fontaine entra en qualité de gentilhomme chez Marguerite de Lorraine, duchesse douairière d'Orléans. La mort lui ayant enlevé cette princesse en 1672, quatre ans après la publication de son premier recueil de *Fables*, il trouva de généreux protecteurs dans monsieur le Prince, dans le prince de Conti, le duc de Vendôme et le duc de Bourgogne, et des protectrices dans les duchesses de Mancini et de Bouillon.

En 1680, la duchesse de Bouillon, compromise dans l'affaire des poisons, ayant été exilée à Nérac, la Fontaine se trouva dans un assez grand embarras. C'est alors qu'il vit venir à son aide celle qui fut la meilleure de ses amies, Mme de la Sablière, ce cœur *vif et tendre*, cet esprit qui avait *beauté d'homme avec grâce de femme* [2], et qui ravissait tout le monde par

Son art de plaire et de n'y penser pas.

Elle installa le poëte dans sa maison, pourvut avec la plus généreuse sollicitude à tous ses besoins et le délivra de toute inquiétude sur le sort d'un fils qu'il avait et qui était alors âgé de quatorze ans, en déterminant le président du Harlay à se charger de ce jeune homme. La Fontaine mena dans cette maison la vie la plus douce, au milieu de la société la plus brillante, la plus spirituelle et la plus aimable. C'est ainsi que cet ami de la solitude, cet homme qui, différent de Boileau et de Racine, ne chercha jamais à se faire appeler à la Cour, vécut cependant constamment dans le grand monde et s'y fit aimer, bien qu'il payât fort peu de mine et n'eût guère d'usage.

---

[1] *Fables*, XII, 15.

En 1684, sa réputation de poëte et de fabuliste le fit admettre à l'Académie française.

Mme de la Sablière, en se retirant aux Incurables, afin d'y terminer sa vie dans la pénitence, avait pris toutes ses précautions pour que le bien-être de son poëte ne fût point troublé. Il resta dans l'hôtel tant que la duchesse vécut. Mais ses héritiers et l'exécuteur testamentaire de cette amie si fidèle l'obligèrent à quitter les lieux où il avait passé vingt années dans une si douce sécurité. C'est alors qu'il rencontra M. d'Hervart. « Mon cher la Fontaine, dit le bon conseiller au parlement de Paris, je vous cherchais pour vous prier de venir chez moi. — J'y allais, » répondit-il avec une candeur honorable pour tous deux.

Une lettre de la Fontaine à M. de Bonrepaux témoigne que, dès l'année 1687, les idées religieuses avaient commencé à s'emparer de son esprit. Il se convertit avec toute la sincérité de sa nature dans une maladie qu'il eut sur la fin de 1692. Il passa les deux dernières années de sa vie dans les exercices de la plus austère piété, dans des travaux pieux, dans une sainte appréhension des jugements de Dieu. Peu avant sa mort, il écrivait au chanoine Maucroix, avec qui il fut lié, pendant plus d'un demi-siècle, de la plus tendre amitié :

« Tu te trompes assurément, mon cher ami, s'il est bien vrai, comme M. de Soissons me l'a dit, que tu me croies plus malade d'esprit que de corps. Il me l'a dit pour tâcher de m'inspirer du courage, mais ce n'est pas de quoi je manque. Je t'assure que le meilleur de tes amis n'a pas à compter sur quinze jours de vie. Voilà deux mois que je ne sors point, si ce n'est pour aller à l'Académie afin que cela m'amuse. Hier, comme j'en revenois, il me prit, au milieu de la rue du Chantre, une si grande foiblesse, que je crus véritablement mourir. »

Il s'éteignit dans l'Hôtel d'Hervart, le 13 avril 1695, âgé de soixante-treize ans, un mois et cinq jours. Lorsqu'on le déshabilla pour le mettre au tombeau, on le trouva couvert d'un cilice.

Maucroix écrivait dans son journal en apprenant cette mort :

« Le 13 avril 1695, mourut à Paris mon très-cher et très-fidèle ami, M. de la Fontaine ; nous avons été amis plus de cinquante ans, et je remercie Dieu d'avoir conduit l'amitié extrême que je lui portais jusques à une si grande vieillesse, sans aucune interruption ni aucun refroidissement, pouvant dire que je l'ai toujours tendrement aimé, et autant le dernier jour que le premier. Dieu, par sa miséricorde, le veuille mettre dans son saint repos ! C'étoit l'âme la plus sincère et la plus candide que j'aie jamais connue : jamais de déguisement, je ne sais s'il a menti en sa vie. »

Aucun panégyrique ne vaut ce candide hommage.

FABLE I

La Cigale et la Fourmi.

La cigale, ayant chanté
    Tout l'été,
Se trouva fort dépourvue
Quand la bise [1] fut venue :
Pas un seul petit morceau
De mouche ou de vermisseau.
Elle alla crier famine
Chez la fourmi sa voisine,
La priant de lui prêter
Quelque grain pour subsister
Jusqu'à la saison nouvelle :
Je vous paîrai, lui dit-elle,
Avant l'oût [2], foi d'animal,
Intérêt et principal [3].
La fourmi n'est pas prêteuse :
C'est là son moindre défaut.
Que faisiez-vous au temps chaud ?
Dit-elle à cette emprunteuse. —
Nuit et jour à tout venant
Je chantais, ne vous déplaise. —
Vous chantiez ! j'en suis fort aise.
Eh bien, dansez maintenant.

---

[1] La *bise*, prise ici pour l'hiver, est un vent de N.-E. qui souffle dans les plus sombres jours de l'hiver.

[2] Avant la moisson qui se fait pendant le mois d'août. On écrivait autrefois *août* et *oût*.

[3] Le *principal* est la somme, le capital d'une dette.

FABLE II.

Le Corbeau et le Renard.

MAÎTRE corbeau, sur un arbre perché,
    Tenait en son bec un fromage.
Maître renard, par l'odeur alléché [1],
    Lui tint à peu près ce langage :
    Hé ! bonjour, monsieur du corbeau !
Que vous êtes joli ! que vous me semblez beau !
    Sans mentir, si votre ramage
    Se rapporte [2] à votre plumage,
Vous êtes le phénix [3] des hôtes de ces bois.
A ces mots, le corbeau ne se sent pas de joie ;
    Et, pour montrer sa belle voix,
Il ouvre un large bec, laisse tomber sa proie.
Le renard s'en saisit, et dit : Mon beau monsieur,
    Apprenez que tout flatteur
Vit aux dépens de celui qui l'écoute :
Cette leçon vaut bien un fromage, sans doute.
    Le corbeau, honteux et confus,
Jura, mais un peu tard, qu'on ne l'y prendrait plus.

  [1] *Alléché* signifie attiré par quelque chose d'affriandant.
  [2] *Se rapporte à* veut dire est aussi beau que.
  [3] *Etre le phénix* signifie être unique dans son genre. Le phénix est un oiseau fabuleux dont les Egyptiens avaient fait une divinité, et qu'ils représentaient grand et fier comme l'aigle, une huppe de pourpre sur la tête, les plumes couleur de pourpre et d'or, et les yeux étincelants comme des étoiles. Il habitait l'Arabie où il vivait de cinq à six cents ans ; aux approches de sa fin, il se formait lui même un bûcher de bois et de gommes aromatiques qu'il exposait aux rayons du soleil et sur lequel il se consumait. De la moelle de ses os naissait un ver, d'où bientôt se formait un autre phénix. Tous les 500 ans, le phénix venait d'Arabie à Héliopolis, pour rendre les derniers devoirs à son père, qu'il enveloppait de myrrhe et portait dans le temple du Soleil.

FABLE III

La Grenouille qui se veut faire aussi grosse que le Bœuf.

Une grenouille vit un bœuf
Qui lui sembla de belle taille.
Elle, qui n'était pas grosse en tout comme un œuf,
Envieuse, s'étend, et s'enfle, et se travaille [1].
Pour égaler l'animal en grosseur ;
Disant : Regardez bien, ma sœur ;
Est-ce assez ? dites-moi ; n'y suis-je point encore ? —
Nenni.— M'y voici donc?— Point du tout.— M'y voilà ?—
Vous n'en approchez point. La chétive pécore [2]
S'enfla si bien qu'elle creva.

Le monde est plein de gens qui ne sont pas plus sages :
Tout bourgeois veut bâtir comme les grands seigneurs ;
Tout petit prince a des ambassadeurs,
Tout marquis veut avoir des pages.

[1] *Se travailler* veut dire ici faire de grands efforts.
[2] *Pécore*, qui signifie bête à quatre pattes, ne s'emploie jamais que dans un sens méprisant.

FABLE IV

Les deux Mulets.

Deux mulets cheminaient, l'un d'avoine chargé,
L'autre portant l'argent de la gabelle [1].
Celui-ci, glorieux d'une charge si belle,
N'eût voulu pour beaucoup en être soulagé.
Il marchait d'un pas relevé,

[1] La *gabelle* était l'impôt sur le sel.

Et faisait sonner sa sonnette ;
Quand l'ennemi se présentant,
Comme il en voulait à l'argent,
Sur le mulet du fisc ² une troupe se jette,
Le saisit au frein et l'arrête.
Le mulet, en se défendant,
Se sent percer de coups ; il gémit, il soupire :
Est-ce donc là, dit-il, ce qu'on m'avait promis ?
Ce mulet qui me suit du danger se retire,
Et moi, j'y tombe et je péris !
Ami, lui dit son camarade,
Il n'est pas toujours bon d'avoir un haut emploi :
Si tu n'avais servi qu'un meunier, comme moi,
Tu ne serais pas si malade.

² Le *fisc* est l'argent du Trésor public. Le *mulet du fisc* désigne le mulet qui portait l'argent du Trésor.

FABLE V

Le Loup et le Chien.

Un loup n'avait que les os et la peau,
Tant les chiens faisaient bonne garde.
Ce loup rencontre un dogue aussi puissant que beau,
Gras, poli, qui s'était fourvoyé ¹ par mégarde.
L'attaquer, le mettre en quartiers ²,
Sire loup l'eût fait volontiers ;
Mais il fallait livrer bataille,
Et le mâtin ³ était de taille
A se défendre hardiment.
Le loup donc l'aborde humblement,
Entre en propos, et lui fait compliment
Sur son embonpoint qu'il admire.
Il ne tiendra qu'à vous, beau sire,

¹ C'est-à-dire qui s'était écarté du bon chemin.
² *Mettre en quartiers* signifie proprement déchirer en quatre.
³ Gros chien, dogue.

D'être aussi gras que moi, lui repartit le chien.
Quittez les bois, vous ferez bien :
Vos pareils y sont misérables.
Cancres,⁴ hères⁵ et pauvres diables,
Dont la condition est de mourir de faim ;
Car, quoi ! rien d'assuré, point de franche lippée⁶ !
Tout à la pointe de l'épée !
Suivez-moi, vous aurez un bien meilleur destin.
Le loup reprit : Que me faudra-t-il faire ?
Presque rien, dit le chien : donner la chasse aux gens
Portant bâtons, et mendiants ;
Flatter ceux du logis, à son maître complaire ;
Moyennant quoi votre salaire
Sera force reliefs⁷ de toutes les façons,
Os de poulets, os de pigeons ;
Sans parler de mainte caresse.
Le loup déjà se forge une félicité
Qui le fait pleurer de tendresse.
Chemin faisant, il vit le cou du chien pelé : [chose. —
Qu'est cela ? lui dit-il. — Rien. — Quoi ! rien ! — Peu de
Mais encor ? — Le collier dont je suis attaché
De ce que vous voyez est peut-être la cause.
Attaché ! dit le loup : vous ne courez donc pas
Où vous voulez ? — Pas toujours ; mais qu'importe ? —
Il importe si bien, que de tous vos repas
Je ne veux en aucune sorte,
Et ne voudrais pas même à ce prix un trésor.
Cela dit, maître loup s'enfuit et court encor.

⁴ *Cancre*, qui signifie au sens propre une écrevisse de qualité inférieure, s'applique figurément à un homme sans position et sans ressource.

⁵ Le mot *hère* désigne un homme sans considération et sans fortune. Il est ordinairement précédé de l'adjectif pauvre.

⁶ Une *franche lippée* est un dîner qui ne coûte rien.

⁷ Les *reliefs* sont les restes de pain et de viande qu'on porte à la cuisine.

FABLE VI

La Génisse, la Chèvre et la Brebis, en société avec le Lion.

La génisse, la chèvre, et leur sœur la brebis,
Avec un fier lion, seigneur du voisinage,
Firent société, dit-on, au temps jadis,
Et mirent en commun le gain et le dommage.
Dans les lacs [1] de la chèvre un cerf se trouva pris.
Vers ses associés aussitôt elle envoie.
Eux venus, le lion par ses ongles compta,
Et dit : Nous sommes quatre à partager la proie.
Puis en autant de parts le cerf il dépeça ;
Prit pour lui la première en qualité de sire :
Elle doit être à moi, dit-il ; et la raison,
    C'est que je m'appelle lion :
    A cela l'on n'a rien à dire.
La seconde, par droit, me doit échoir encor ;
Ce droit, vous le savez, c'est le droit du plus fort.
Comme le plus vaillant, je prétends la troisième.
Si quelqu'une de vous touche à la quatrième,
    Je l'étranglerai tout d'abord.

[1] *Lacs* (mot dont le *c* ne se prononce pas) signifie lacet, filet, piége.

FABLE VII

La Besace.

Jupiter dit un jour : Que tout ce qui respire
S'en vienne comparaître aux pieds de ma grandeur ;
Si dans son composé quelqu'un trouve à redire,
    Il peut le déclarer sans peur,
    Je mettrai remède à la chose.

Venez, singe, parlez le premier, et pour cause :
Voyez ces animaux, faites comparaison
    De leurs beautés avec les vôtres.
Êtes-vous satisfait ? — Moi, dit-il, pourquoi non ?
N'ai-je pas quatre pieds aussi bien que les autres ?
Mon portrait jusqu'ici ne m'a rien reproché ;
Mais pour mon frère l'ours, on ne l'a qu'ébauché ;
Jamais, s'il me veut croire, il ne se fera peindre.
L'ours venant là-dessus, on crut qu'il s'allait plaindre.
Tant s'en faut : de sa forme il se loua très-fort ;
Glosa sur l'éléphant, dit qu'on pourrait encor
Ajouter à sa queue, ôter à ses oreilles ;
Que c'était une masse informe et sans beauté.
    L'éléphant étant écouté,
Tout sage qu'il était, dit des choses pareilles :
    Il jugea qu'à son appétit[1]
    Dame baleine était trop grosse.
Dame fourmi trouva le ciron[2] trop petit,
    Se croyant, pour elle, un colosse.
Jupin[3] les renvoya, s'étant censurés tous,
Du reste contents d'eux. Mais parmi les plus fous
Notre espèce excella ; car tout ce que nous sommes,
Lynx[4] envers nos pareils et taupes[5] envers nous,
Nous nous pardonnons tout, et rien aux autres hommes.
On se voit d'un autre œil qu'on ne voit son prochain.
    Le fabricateur souverain
Nous créa besaciers[6] tous de même manière,
Tant ceux du temps passé que du temps d'aujourd'hui :
Il fit pour nos défauts la poche de derrière,
Et celle de devant pour les défauts d'autrui.

[1] Ancienne locution signifiant à son jugement.

[2] Nom donné à une infinité d'animaux d'une extrême petitesse qui s'engendrent ordinairement entre cuir et chair.

[3] *Jupin* est une forme abrégée de Jupiter, père des dieux.

[4] Le lynx est un quadrupède carnassier, de l'espèce du chat auquel les anciens attribuaient une vue capable de percer les murs les plus épais.

[5] On a cru longtemps que les taupes n'avaient point d'yeux.

[6] Porteurs de besaces.

FABLE VIII

L'Hirondelle et les petits Oiseaux.

Une hirondelle en ses voyages
Avait beaucoup appris. Quiconque a beaucoup vu
    Peut avoir beaucoup retenu.
Celle-ci prévoyait jusqu'aux moindres orages,
    Et, devant qu'ils fussent éclos[1],
    Les annonçait aux matelots.
Il arriva qu'au temps que la chanvre[2] se sème,
Elle vit un manant[3] en couvrir maints sillons.
Ceci ne me plaît pas, dit-elle aux oisillons :
Je vous plains ; car, pour moi, dans ce péril extrême,
Je saurai m'éloigner ou vivre en quelque coin.
Voyez-vous cette main qui par les airs chemine ?
    Un jour viendra, qui n'est pas loin,
Que ce qu'elle répand sera votre ruine.
De là naîtront engins[4] à vous envelopper ;
    Et lacets pour vous attraper,
    Enfin mainte et mainte machine
    Qui causera dans la saison
    Votre mort ou votre prison :
    Gare la cage ou le chaudron !
C'est pourquoi, leur dit l'hirondelle,
Mangez ce grain, et croyez-moi.
Les oiseaux se moquèrent d'elle :
Ils trouvaient aux champs trop de quoi.
    Quand la chènevière[5] fut verte,
L'hirondelle leur dit : Arrachez brin à brin
    Ce qu'a produit ce maudit grain ;
    Ou soyez sûrs de votre perte.

---

[1] Il faudrait dire aujourd'hui : *avant qu'ils* fussent éclos.
[2] *Chanvre* est maintenant du genre masculin.
[3] *Manant* est pris ici dans le sens de paysan.
[4] Piéges.
[5] Une *chènevière* est un champ semé de chanvre

— Prophète de malheur ! babillarde, dit-on,
  Le bel emploi que tu nous donnes !
  Il nous faudrait mille personnes
  Pour éplucher tout ce canton.
  La chanvre étant tout à fait crue,
L'hirondelle ajouta : Ceci ne va pas bien :
  Mauvaise graine est tôt venue.
Mais puisque jusqu'ici l'on ne m'a crue en rien,
  Dès que vous verrez que la terre
  Sera couverte, et qu'à leurs blés
  Les gens n'étant plus occupés
  Feront aux oisillons la guerre ;
  Quand reginglettes [6] et réseaux [7],
  Attraperont petits oiseaux,
  Ne volez plus de place en place ;
Demeurez au logis, ou changez de climat ;
Imitez le canard, la grue et la bécasse.
  Mais vous n'êtes pas en état
De passer comme nous les déserts et les ondes,
  Ni d'aller chercher d'autres mondes :
C'est pourquoi vous n'avez qu'un parti qui soit sûr ;
C'est de vous renfermer aux trous de quelque mur.
  Les oisillons, las de l'entendre,
Se mirent à jaser aussi confusément
Que faisaient les Troyens quand la pauvre Cassandre [8]
  Ouvrait la bouche seulement.
  Il en prit [9] aux uns comme aux autres :
Maint oisillon se vit esclave retenu.

Nous n'écoutons d'instincts que ceux qui sont les nôtres,
Et ne croyons le mal que quand il est venu.

[6] Une *reginglette* est un petit piège pour attraper les oiseaux, composé d'une branche fortement courbée et d'une ficelle qui sous-tend cette manière d'arc.

[7] Filets.

[8] Cassandre, fille de Priam, roi de Troie, avait le don de prophétiser, mais elle fut condamnée par Apollon à n'être jamais crue dans ses prédications, et ce fut en vain qu'elle annonça aux Troyens les malheurs qui devaient leur arriver.

[9] Il en arriva.

FABLE IX

Le Rat de ville et le Rat des champs.

Autrefois le rat de ville
Invita le rat des champs,
D'une façon fort civile,
A des reliefs d'ortolans [1].

Sur un tapis de Turquie
Le couvert se trouva mis.
Je laisse à penser la vie
Que firent ces deux amis.

Le régal fut fort honnête ;
Rien ne manquait au festin ;
Mais quelqu'un troubla la fête
Pendant qu'ils étaient en train.

A la porte de la salle
Ils entendirent du bruit.
Le rat de ville détale [2],
Son camarade le suit.

Le bruit cesse ; on se retire :
Rats en campagne aussitôt ;
Et le citadin de dire :
Achevons tout notre rôt.

— C'est assez, dit le rustique :
Demain vous viendrez chez moi.
Ce n'est pas que je me pique [3]
De tous vos festins de roi !

Mais rien ne vient m'interrompre ;

---

[1] L'ortolan est un petit oiseau fort gras et fort tendre qui ne se trouve que dans les pays chauds.

[2] S'enfuit à la hâte. Ce mot s'applique proprement au marchand qui serre au plus vite ce qu'il avait étalé.

[3] Ce n'est pas que j'aie des prétentions à.

Je mange tout à loisir.
Adieu donc. Fi du plaisir
Que la crainte peut corrompre !

FABLE X

Le Loup et l'Agneau.

La raison du plus fort est toujours la meilleure [1] :
  Nous l'allons montrer tout à l'heure.
    Un agneau se désaltérait
    Dans le courant d'une onde pure.
Un loup survient à jeun, qui cherchait aventure,
  Et que la faim en ces lieux attirait.
Qui te rend si hardi de troubler mon breuvage ?
    Dit cet animal plein de rage.
Tu seras châtié de ta témérité.
— Sire, répond l'agneau, que Votre Majesté
    Ne se mette pas en colère ;
    Mais plutôt qu'elle considère
    Que je vas me désaltérant
      Dans le courant,
    Plus de vingt pas au-dessous d'elle,
Et que par conséquent, en aucune façon,
    Je ne puis troubler sa boisson.
— Tu la troubles, reprit cette bête cruelle ;
Et je sais que de moi tu médis l'an passé. —
Comment l'aurais-je fait, si je n'étais pas né ?
  Reprit l'agneau : je tette encor ma mère. —
    Si ce n'est toi, c'est donc ton frère. —
Je n'en ai point. — C'est donc quelqu'un des tiens ;
    Car vous ne m'épargnez guère,
    Vous, vos bergers et vos chiens.
On me l'a dit : il faut que je me venge.
    Là-dessus au fond des forêts

---

[1] *La meilleure* ici veut dire la plus forte, la plus puissante, mais non pas la plus morale.

Le loup l'emporte, et puis le mang
Sans autre forme de procès.

FABLE XI

Les Voleurs et l'Ane.

Pour un âne enlevé deux voleurs se battaient :
L'un voulait le garder, l'autre le voulait vendre.
 Tandis que coups de poing trottaient
Et que nos champions songeaient à se défendre,
  Arrive un troisième larron
  Qui saisit maître Aliboron [1].

L'âne, c'est quelquefois une pauvre province ;
  Les voleurs sont tel et tel prince,
Comme le Transilvain, le Turc et le Hongrois.
 Au lieu de deux j'en ai rencontré trois :
 Il est assez de cette marchandise.
De nul d'eux n'est souvent la province conquise ;
Un quart [2] voleur survient, qui les accorde net
  En se saisissant du baudet.

 1 *Maître Aliboron*, est une manière plaisante de désigner l'âne, dont l'origine est inconnue.
 2 Quatrième.

FABLE XII

La Mort et le Malheureux.

Un malheureux appelait tous les jours
  La Mort à son secours.
O Mort ! lui disait-il, que tu me sembles belle !
Viens vite, viens finir ma fortune cruelle !
La Mort crut, en venant, l'obliger en effet.
Elle frappe à sa porte, elle entre, elle se montre.

Que vois-je! cria-t-il : ôtez-moi cet objet!
    Qu'il est hideux! que sa rencontre
    Me cause d'horreur et d'effroi!
N'approche pas, ô Mort! ô Mort, retire-toi!
    Mécénas [1] fut un galant homme ;
Il a dit quelque part : Qu'on me rende impotent,
Cul-de-jatte, goutteux, manchot, pourvu qu'en somme
Je vive, c'est assez, je suis plus que content.
Ne viens jamais, ô Mort! on t'en dit tout autant.

[1] Mécène, favori d'Auguste, issu des anciens rois d'Etrurie. Il s'était lié avec Octave pendant qu'il étudiait en Grèce ; il l'accompagna dans toutes ses guerres ; lorsqu'il fut devenu empereur, il se contenta d'être son ami, et de favoriser les gens de lettres, sans accepter les honneurs publics. Il mourut huit ans avant la naissance de Jésus-Christ.

FABLE XIII

La Mort et le Bûcheron.

Un pauvre bûcheron, tout couvert de ramée [1],
Sous le faix du fagot aussi bien que des ans
Gémissant et courbé, marchait à pas pesants,
Et tâchait de gagner sa chaumine [2] enfumée.
Enfin, n'en pouvant plus d'effort et de douleur,
Il met bas son fagot, il songe à son malheur :
Quel plaisir a-t-il eu depuis qu'il est au monde?
En est-il un plus pauvre en la machine ronde?
Point de pain quelquefois, et jamais de repos :
Sa femme, ses enfants, les soldats, les impôts,
    Le créancier et la corvée [3],
Lui font d'un malheureux la peinture achevée.

[1] Branches vertes récemment coupées de l'arbre et garnies de leurs feuilles.

[2] Chétive maison de paysan couverte de chaume.

[3] Journées de travail gratuit que les vassaux devaient à leurs seigneurs.

Il appelle la Mort. Elle vient sans tarder,
  Lui demande ce qu'il faut faire.
  C'est, dit-il, afin de m'aider
A recharger ce bois ; tu ne tarderas guère ⁴

  Le trépas vient tout guérir ;
  Mais ne bougeons d'où nous sommes :
  PLUTOT SOUFFRIR QUE MOURIR,
  C'est la devise des hommes.

⁴ C'est-à-dire, cela ne t'arrêtera guère, ne te prendra pas beaucoup de temps.

FABLE XIV

Le Renard et la Cigogne.

COMPÈRE le renard se mit un jour en frais,
Et retint à dîner commère la cigogne.
Le régal fut petit et sans beaucoup d'apprêts.
  Le galant ¹ pour toute besogne ²
Avait un brouet ³ clair, il vivait chichement.
Ce brouet fut par lui servi sur une assiette ;
La cigogne au long bec n'en put attraper miette ;
Et le drôle eut lapé ⁴ le tout en un moment.
  Pour se venger de cette tromperie,
A quelque temps de là la cigogne le prie ⁵.
Volontiers, lui dit-il ; car avec mes amis
  Je ne fais point cérémonie.
  A l'heure dite, il courut au logis
    De la cigogne son hôtesse ;
    Loua très-fort sa politesse,
    Trouva le dîner cuit à point ;

¹ Le rusé.
² *Besogne* est pris ici dans le sens vieilli de mets.
³ Aliment liquide, ou à peu près liquide, fait ordinairement avec du bouillon.
⁴ *Laper*, boire en tirant avec la langue, se dit ordinairement du chien et des quadrupèdes analogues.
⁵ Sous-entendu : à dîner.

Bon appétit surtout ; renards n'en manquent point.
Il se réjouissait à l'odeur de la viande
Mise en menus morceaux, et qu'il croyait friande.
　　　On servit, pour l'embarrasser,
En un vase à long col et d'étroite embouchure.
Le bec de la cigogne y pouvait bien passer ;
Mais le museau du sire était d'autre mesure.
Il lui fallut à jeun retourner au logis,
Honteux comme un renard qu'une poule aurait pris,
　Serrant la queue et portant bas l'oreille.

　　Trompeurs, c'est pour vous que j'écris :
　　Attendez-vous à la pareille.

FABLE XV

Les Frelons et les Mouches à miel.

　　A l'œuvre on connaît l'artisan.

Quelques rayons de miel sans maître se trouvèrent :
　　　Des frelons les réclamèrent ;
　　　Des abeilles s'opposant,
Devant certaine guêpe on traduisit [1] la cause.
Il était malaisé de décider la chose :
Les témoins déposaient qu'autour de ces rayons
Des animaux ailés, bourdonnants, un peu longs,
De couleur fort tannée, et tels que les abeilles,
Avaient longtemps paru. Mais quoi ! dans les frelons
　　　Ces enseignes étaient pareilles.
La guêpe, ne sachant que dire à ces raisons,
Fit enquête nouvelle [2], et, pour plus de lumière,
　　　Entendit une fourmilière.
　　　Le point n'en put être éclairci.
　　　De grâce, à quoi bon tout ceci ?
　　　Dit une abeille fort prudente ;
Depuis tantôt six mois que la cause est pendante [3],

[1] On porta.
[2] Fit de nouvelles informations.
[3] En instance devant le tribunal.

Nous voici comme aux premiers jours.
   Pendant cela le miel se gâte.
Il est temps désormais que le juge se hâte :
   N'a-t-il point assez léché l'ours[4]?
Sans tant de contredits et d'interlocutoires,
   Et de fatras et de grimoires [5]
   Travaillons, les frelons et nous.
On verra qui sait faire, avec un suc si doux,
   Des cellules si bien bâties.
   Le refus des frelons fit voir
   Que cet art passait leur savoir :
Et la guêpe adjugea le miel à leurs parties.

Plût à Dieu qu'on réglât ainsi tous les procès !
Que des Turcs en cela l'on suivît la méthode !
Le simple sens commun nous tiendrait lieu de code :
   Il ne faudrait point tant de frais ;
   Au lieu qu'on nous mange, on nous gruge,
   On nous mine par des longueurs ;
On fait tant, à la fin, que l'huître est pour le juge,
   Les écailles pour les plaideurs.

[4] Cette image est empruntée à un passage où Rabelais compare les procès à des ours qui sont informes en venant au monde, mais qui prennent des proportions à mesure que leur mère les lèche.

[5] *Grimoire*, qui signifie au propre livre des sorciers pour évoquer les démons, s'emploie figurément dans le sens de discours obscur, d'écriture difficile à lire.

FABLE XVI

Le Chêne et le Roseau.

Le chêne un jour dit au roseau :
Vous avez bien sujet d'accuser la nature ;
Un roitelet[1] pour vous est un pesant fardeau.

[1] Mot à mot, petit roi, l'un des plus petits oiseaux de nos climats.

  Le moindre vent qui d'aventure[2]
  Fait rider la face de l'eau
  Vous oblige à baisser la tête;
Cependant que mon front, au Caucase[3] pareil,
Non content d'arrêter les rayons du soleil,
  Brave l'effort de la tempête.
Tout vous est aquilon[4], tout me semble zéphyr[5].
Encor si vous naissiez à l'abri du feuillage
  Dont je couvre le voisinage,
  Vous n'auriez pas tant à souffrir;
  Je vous défendrais de l'orage :
  Mais vous naissez le plus souvent
Sur les humides bords des royaumes du vent.
La nature envers vous me semble bien injuste.
— Votre compassion, lui répondit l'arbuste,
Part d'un bon naturel ; mais quittez ce souci :
 Les vents me sont moins qu'à vous redoutables,
Je plie et ne romps pas. Vous avez jusqu'ici
  Contre leurs coups épouvantables
  Résisté sans courber le dos ;
Mais attendons la fin. Comme il disait ces mots
Du bout de l'horizon accourt avec furie
  Le plus terrible des enfants
Que le nord eût portés jusque-là dans ses flancs.
  L'arbre tient bon ; le roseau plie ;
  Le vent redouble ses efforts,
  Et fait si bien qu'il déracine
Celui de qui la tête au ciel était voisine,
Et dont les pieds touchaient à l'empire des morts.

 [2] Par hasard.
 [3] Le Caucase est une chaîne de montagnes d'Asie, entre la mer Noire et la mer Caspienne.
 [4] L'aquilon est un vent du Nord très-violent.
 [5] *Zéphyr*, ou *zéphire*, désigne tout vent doux et agréable.

FABLE XVII
Conseil tenu par les Rats.

Un chat, nommé Rodilardus[1],
Faisait des rats telle déconfiture,
Que l'on n'en voyait presque plus,
Tant il en avait mis dedans la sépulture.
Le peu qu'il en restait, n'osant quitter son trou,
Ne trouvait à manger que le quart de son soû,
Et Rodilard passait, chez la gent[2] misérable,
　　Non pour un chat, mais pour un diable.
　　Or, un jour qu'au haut et au loin
　　Le galant alla chercher femme,
Pendant tout le sabbat[3] qu'il fit avec sa dame,
Le demeurant[4] des rats tint chapitre[5] en un coin
　　Sur la nécessité présente.
Dès l'abord, leur doyen[6], personne fort prudente,
Opina qu'il fallait, et plus tôt que plus tard,
Attacher un grelot au cou de Rodilard;
　　Qu'ainsi, quand il irait en guerre,
De sa marche avertis, ils s'enfuiraient sous terre;
　　Qu'il n'y savait que ce moyen.
Chacun fut de l'avis de monsieur le doyen :
Chose ne leur parut[7] à tous plus salutaire
La difficulté fut d'attacher le grelot.

1 C'est-à-dire rongeur de lard.
2 Nation.
3 *Sabbat* signifie au figuré grand bruit qui se fait avec désordre et confusion. Au propre c'est une assemblée nocturne, à laquelle on suppose que les sorciers se rendent par le vague de l'air.
4 Ce qui restait, ce qui survivait.
5 Un chapitre est une réunion de chanoines assemblés pour délibérer de leurs affaires.
6 Le doyen est celui qui préside par rang d'âge et de réception.
　Aucune chose ne leur parut.

L'un dit : Je n'y vas point, je ne suis pas si sot ;
L'autre : Je ne saurais. Si bien que sans rien faire
  On se quitta. J'ai maints chapitres vus [8],
  Qui pour néant [9] se sont ainsi tenus ;
Chapitres, non de rats, mais chapitres de moines ;
    Voire [10] chapitres de chanoines.

    Ne faut-il que délibérer ?
    La cour en conseillers foisonne :
    Est-il besoin d'exécuter ?
    L'on ne rencontre plus personne.

[8] C'est-à-dire j'ai vu maints chapitres. Cette inversion paraîtrait aujourd'hui trop hardie.
[9] Pour rien.
[10] Vieux mot signifiant même.

FABLE XVIII

Les deux Taureaux et une Grenouille.

Deux taureaux combattaient à qui posséderait
    Une génisse avec l'empire.
    Une grenouille en soupirait.
    Qu'avez-vous ? se mit à lui dire
    Quelqu'un du peuple croassant [1].
    — Eh ! ne voyez-vous pas, dit-elle,
    Que la fin de cette querelle
Sera l'exil de l'un ; que l'autre, le chassant,
Le fera renoncer aux campagnes fleuries ?
Il ne régnera plus sur l'herbe des prairies ;
Viendra dans nos marais régner sur les roseaux,
Et, nous foulant aux pieds jusques au fond des eaux,
Tantôt l'une, et puis l'autre, il faudra qu'on pâtisse
Du combat qu'a causé madame la génisse.
    Cette crainte était de bon sens.

[1] Le mot propre serait *coassant*. On dit *croasser* en parlant du cri du corbeau, et *coasser* en parlant de celui de la grenouille.

L'un des taureaux en leur demeure
S'alla cacher à leurs dépens.
Il en écrasait vingt par heure.

Hélas! on voit que de tout temps
Les petits ont pâti[2] des sottises des grands.

[2] Ont souffert.

FABLE XIX

La Chauve-souris et les deux Belettes.

UNE chauve-souris donna tête baissée
Dans un nid de belette ; et, sitôt qu'elle y fut,
L'autre, envers les souris de longtemps corroucée,
    Pour la dévorer accourut.
Quoi! vous osez, dit-elle, à mes yeux vous produire[1];
Après que votre race a tâché de me nuire!
N'êtes-vous pas souris? Parlez sans fiction.
Oui, vous l'êtes, ou bien je ne suis pas belette.
    — Pardonnez-moi, dit la pauvrette ;
    Ce n'est pas ma profession.
Moi, souris! des méchants vous ont dit ces nouvelles.
    Grâce à l'Auteur de l'univers,
    Je suis oiseau ; voyez mes ailes :
    Vive la gent[2] qui fend les airs !
    Sa raison plut, et sembla bonne.
    Elle fait si bien qu'on lui donne
    Liberté de se retirer.
    Deux jours après, notre étourdie
    Aveuglément se va fourrer
Chez une autre belette aux oiseaux ennemie.
La voilà derechef[3] en danger de sa vie.

[1] Vous montrer.
[2] La race, l'espèce.
[3] De nouveau.

La dame du logis avec son long museau
S'en allait la croquer en qualité d'oiseau,
Quand elle protesta qu'on lui faisait outrage :
Moi, pour telle passer ! Vous n'y regardez pas
    Qui fait l'oiseau ? c'est le plumage.
    Je suis souris, vivent les rats !
    Jupiter confonde les chats !
    Par cette adroite repartie
    Elle sauva deux fois sa vie.

Plusieurs se sont trouvés qui, d'écharpe changeants,
Aux dangers, ainsi qu'elle, ont souvent fait la figue.
    Le sage [4] dit, selon les gens :
    Vive le Roi ! vive la Ligue [5] !

[4] Ou plutôt l'homme habile, le peureux.
[5] Union des catholiques formée en France vers la fin du seizième siècle pour combattre le protestantisme et qui fut amenée à faire la guerre aux rois Henri III et Henri IV.

FABLE XX

Le Lion et le Moucheron.

VA-T'EN, chétif insecte, excrément de la terre !
    C'est en ces mots que le lion
    Parlait un jour au moucheron.
    L'autre lui déclara la guerre :
Penses-tu, lui dit-il, que ton titre de roi
    Me fasse peur ni me soucie [1] ?
    Un bœuf est plus puissant que toi
    Je le mène à ma fantaisie.
    A peine il achevait ces mots,
    Que lui-même il sonna la charge,
    Fut le trompette et le héros.
    Dans l'abord il se met au large ;

[1] Soit un objet de souci pour moi. *Soucier* ne s'emploie plus guère comme verbe actif.

Puis prend son temps, fond sur le cou
　　Du lion, qu'il rend presque fou.
Le quadrupède écume, et son œil étincelle ;
Il rugit : on se cache, on tremble à l'environ :
　　　Et cette alarme universelle
　　　Est l'ouvrage d'un moucheron.
Un avorton de mouche en cent lieux le harcèle,
Tantôt pique l'échine, et tantôt le museau,
　　Tantôt entre au fond du naseau.
La rage alors se trouve à son faîte montée.
L'invisible ennemi triomphe, et rit de voir
Qu'il n'est griffe ni dent, en la bête irritée,
Qui de la mettre en sang ne fasse son devoir.
Le malheureux lion se déchire lui-même,
Fait résonner sa queue à l'entour de ses flancs,
Bat l'air, qui n'en peut mais [2] ; et sa fureur extrême
Le fatigue, l'abat ; le voilà sur les dents [3].
L'insecte du combat se retire avec gloire ;
Comme il sonna la charge, il sonne la victoire,
Va partout l'annoncer, et rencontre en chemin
　　　L'embuscade d'une araignée ;
　　　Il y rencontre aussi sa fin.

Quelle chose par là nous peut être enseignée ?
J'en vois deux, dont l'une est qu'entre nos ennemis
Les plus à craindre sont souvent les plus petits ;
L'autre, qu'aux grands périls tel a pu se soustraire,
　　Qui périt pour la moindre affaire.

[2] Qui n'y peut rien.
[3] Étendu la face contre terre.

FABLE XXI

L'Ane chargé d'éponges et l'Ane chargé de sel.

　　Un ânier, son sceptre à la main,
　　Menait, en empereur romain,
　　Deux coursiers à longues oreilles.

L'un, d'éponges chargé, marchait comme un courrier,
    Et l'autre, se faisant prier,
    Portait, comme on dit, les bouteilles[1] :
Sa charge était de sel. Nos gaillards pèlerins,
    Par monts, par vaux[2] et par chemins,
Au gué d'une rivière à la fin arrivèrent,
    Et fort empêchés[3] se trouvèrent.
L'ânier, qui tous les jours traversait ce gué-là,
    Sur l'âne à l'éponge monta,
    Chassant devant lui l'autre bête,
    Qui, voulant en faire à sa tête,
    Dans un trou se précipita,
    Revint sur l'eau, puis échappa ;
    Car, au bout de quelques nagées[4],
    Tout son sel se fondit si bien,
    Que le baudet ne sentit rien
    Sur ses épaules soulagées.
Camarade épongier prit exemple sur lui,
Comme un mouton qui va dessus la foi d'autrui.
Voilà mon âne à l'eau ; jusqu'au col il se plonge,
    Lui, le conducteur et l'éponge.
Tous trois burent d'autant ; l'ânier et le grison
    Firent à l'éponge raison[5].
    Celle-ci devint si pesante,
    Et de tant d'eau s'emplit d'abord,
Que l'âne succombant ne put gagner le bord.
    L'ânier l'embrassait, dans l'attente
    D'une prompte et certaine mort.
Quelqu'un vint au secours ; qui ce fut, il n'importe
C'est assez qu'on ait vu par là qu'il ne faut poin
    Agir chacun de même sorte.
    J'en voulais venir à ce point.

[1] *Porter les bouteilles* est une locution proverbiale signifian marcher lentement comme on fait quand on craint de casser ce qu'on porte.

[2] *Vaux* est le pluriel peu usité de l'ancien substantif *val*, vallon.

[3] Embarrassés.

[4] De quelques brassées.

[5] S'emplirent d'eau comme l'éponge. *Faire raison* se dit des buveurs qui se piquent de boire autant l'un que l'autre.

FABLE XXII

Le Lion et le Rat.

Il faut, autant qu'on peut, obliger tout le monde ;
On a souvent besoin d'un plus petit que soi.
De cette vérité deux fables feront foi :
    Tant la chose en preuves abonde.
    Entre les pattes d'un lion
Un rat sortit de terre assez à l'étourdie.
Le roi des animaux, en cette occasion,
Montra ce qu'il était, et lui donna la vie.
    Ce bienfait ne fut pas perdu.
    Quelqu'un aurait-il jamais cru
    Qu'un lion d'un rat eût affaire [1] ?
Cependant il avint [2] qu'au sortir des forêts
    Ce lion fut pris dans des rets
Dont ses rugissements ne le purent défaire.
Sire rat accourut, et fit tant par ses dents
Qu'une maille rongée emporta tout l'ouvrage.
    Patience et longueur de temps
    Font plus que force ni que rage.

[1] Eût besoin.
[2] Arriva. Parfait du vieux verbe *avenir*, pour *advenir*.

FABLE XXIII

La Colombe et la Fourmi.

L'autre exemple est tiré d'animaux plus petits.
Le long d'un clair ruisseau buvait une colombe,
Quand sur l'eau se penchant une fourmis[1] y tombe ;
Et dans cet océan l'on eût vu la fourmis

[1] *Fourmis*, pour *fourmi*, était une orthographe vieillie dès le temps de la Fontaine.

S'efforcer, mais en vain, de regagner la rive.
La colombe aussitôt usa de charité :
Un brin d'herbe dans l'eau par elle étant jeté,
Ce fut un promontoire où la fourmis arrive.
 Elle se sauve. Et là-dessus ²
Passe un certain croquant³ qui marchait les pieds nus.
Ce croquant, par hasard, avait une arbalète.
 Dès qu'il voit l'oiseau de Vénus,
Il. e croit en son pot, et déjà lui fait fête.
Tandis qu'à le tuer mon villageois s'apprête,
 La fourmis le pique au talon.
 Le vilain retourne la tête :
La colombe l'entend, part, et tire de long.
Le souper du croquant avec elle s'envole :
 Point de pigeon pour une obole.

² Au même instant.
³ Misérable paysan. Ce nom a été donné d'abord à des paysans de la Guyenne qui se révoltèrent sous Henri IV.

FABLE XXIV

Le Lièvre et les Grenouilles.

Un lièvre en son gîte songeait.
(Car que faire en un gîte, à moins que l'on ne songe?)
Dans un profond ennui ce lièvre se plongeait.
Cet animal est triste, et la crainte le ronge.
 Les gens de naturel peureux
 Sont, disait-il, bien malheureux!
Ils ne sauraient manger morceau qui leur profite :
Jamais un plaisir pur, toujours assauts divers.
Voilà comme je vis : cette crainte maudite
M'empêche de dormir sinon les yeux ouverts.
Corrigez-vous, dira quelque sage cervelle.
 Eh ! la peur se corrige-t-elle?
 Je crois même qu'en bonne foi
 Les hommes ont peur comme moi.
 Ainsi raisonnait notre lièvre,

Et cependant faisait le guet.
Il était douteux, inquiet;
Un souffle, une ombre, un rien, tout lui donnait la fiè-
    Le mélancolique animal,   [vre.
    En rêvant à cette matière,
Entend un léger bruit : ce lui fut un signal
    Pour s'enfuir devers[1] sa tanière.
Il s'en alla passer sur le bord d'un étang.
Grenouilles aussitôt de sauter dans les ondes;
Grenouilles de rentrer en leurs grottes profondes.
    Oh! dit-il, j'en fais faire autant
    Qu'on m'en fait faire! Ma présence
Effraye aussi les gens! je mets l'alarme au camp!
    Et d'où me vient cette vaillance?
Comment! des animaux qui tremblent devant moi!
    Je suis donc un foudre de guerre?
Il n'est, je le vois bien, si poltron sur la terre,
Qui ne puisse trouver un plus poltron que soi.

[1] Vers. Aujourd'hui *devers* ne s'emploierait plus comme préposition.

FABLE XXV

Le Coq et le Renard.

Sur la branche d'un arbre était en sentinelle
    Un vieux coq adroit et matois.
Frère, dit un renard adoucissant sa voix,
    Nous ne sommes plus en querelle :
    Paix générale cette fois.
Je viens te l'annoncer; descends, que je t'embrasse :
    Ne me retarde point, de grâce;
Je dois faire aujourd'hui vingt postes sans manquer
    Les tiens et toi pouvez vaquer,
    Sans nulle crainte, à vos affaires;
    Nous vous y servirons en frères.
    Faites-en les feux dès ce soir ;
    Et cependant viens recevoir

Le baiser d'amour fraternelle.
— Ami, reprit le coq, je ne pouvais jamais
Apprendre une plus douce et meilleure nouvelle
　　　　Que celle
　　　　De cette paix ;
Et ce m'est une double joie
De la tenir de toi. Je vois deux lévriers
　　　Qui, je m'assure, sont courriers
　　　Que pour ce sujet on envoie ;
Ils vont vite, et seront dans un moment à nous.
Je descends : nous pourrons nous entre-baiser tous.
— Adieu, dit le renard, ma traite est longue à faire :
Nous nous réjouirons du succès de l'affaire
　　Une autre fois. Le galant aussitôt
　　　Tire ses grègues [1], gagne au haut,
　　　Mal content de son stratagème ;
　　　Et notre vieux coq en soi-même
　　　Se mit à rire de sa peur :
Car c'est double plaisir de tromper le trompeur [2].

[1] Ses chausses.
[2] Il vaut mieux déjouer la tromperie par la prudence et la finesse.

FABLE XXVI

Le Corbeau voulant imiter l'Aigle.

L'oiseau de Jupiter enlevant un mouton,
　　Un corbeau, témoin de l'affaire,
Et plus faible de reins, mais non pas moins glouton,
　　En voulut sur l'heure autant faire.
　　Il tourne à l'entour du [1] troupeau,
Marque entre cent moutons le plus gras, le plus beau,
　　Un vrai mouton de sacrifice :

[1] La grammaire, trop rigoureuse, ne permet plus d'employer
à l'entour de comme préposition.

On l'avait réservé pour la bouche des dieux.
Gaillard corbeau disait, en le couvant des yeux :
    Je ne sais qui fut ta nourrice ;
Mais ton corps me paraît en merveilleux état ;
    Tu me serviras de pâture.
Sur l'animal bêlant, à ces mots il s'abat.
    La moutonnière créature
Pesait plus qu'un fromage, outre que sa toison
    Était d'une épaisseur extrême,
Et mêlée à peu près de la même façon
    Que la barbe de Polyphème [2].
Elle empêtra si bien les serres du corbeau,
Que le pauvre animal ne put faire retraite.
Le berger vient, le prend, l'encage bien et beau,
Le donne à ses enfants pour servir d'amusette.

Il faut se mesurer, la conséquence est nette :
Mal prend aux volereaux de faire les voleurs.
    L'exemple est un dangereux leurre [3] ;
Tous les mangeurs de gens ne sont pas grands seigneurs.
Où la guêpe a passé, le moucheron demeure.

[2] Polyphème, le plus célèbre des Cyclopes, fils de Neptune et de la nymphe Thoosa, habitait une caverne de la Sicile et possédait de grands troupeaux de chèvres et de brebis. Leur lait et la chair humaine étaient sa nourriture. Ulysse, jeté par la tempête en Sicile, se réfugia dans la caverne du Cyclope, qui, en revenant avec ses troupeaux, dévora deux Grecs. Ulysse l'enivra, lui creva son œil unique avec un pieu, et sortit de l'antre.

[3] Au figuré, attrait, appât. Au propre, morceau de cuir rouge, en forme d'oiseau, qui sert pour rappeler l'oiseau de proie lorsqu'il ne revient pas droit sur le poing.

FABLE XXVII

Le Meunier, son fils et l'Ane.

J'ai lu dans quelque endroit qu'un meunier et son fils,
L'un vieillard, l'autre enfant, non pas des plus petits,

Mais garçon de quinze ans, si j'ai bonne mémoire,
Allaient vendre leur âne un certain jour de foire.
Afin qu'il fût plus frais et de meilleur débit,
On lui lia les pieds, on vous le suspendit ;
Puis cet homme et son fils le portent comme un lustre.
Pauvres gens ! idiots ! couple ignorant et rustre !
Le premier qui les vit de rire s'éclata :
Quelle farce, dit-il, vont jouer ces gens-là ?
Le plus âne des trois n'est pas celui qu'on pense.
Le meunier, à ces mots, connaît son ignorance :
Il met sur pieds sa bête, et la fait détaler.
L'âne, qui goûtait fort l'autre façon d'aller,
Se plaint en son patois. Le meunier n'en a cure[1],
Il fait monter son fils, il suit ; et, d'aventure,
Passent trois bons marchands. Cet objet leur déplut.
Le plus vieux au garçon s'écria tant qu'il put :
Holà ! ho ! descendez, que l'on ne vous le dise,
Jeune homme qui menez laquais à barbe grise !
C'était à vous de suivre, au vieillard de monter.
— Messieurs, dit le meunier, il vous faut contenter.
L'enfant met pied à terre, et puis le vieillard monte,
Quand, trois filles passant, l'une dit : C'est grand'honte
Qu'il faille voir ainsi clocher ce jeune fils,
Tandis que ce nigaud, comme un évêque assis,
Fait le veau sur son âne, et pense être bien sage.
— Il n'est, dit le meunier, plus de veaux à mon âge :
Passez votre chemin, la fille, et m'en croyez.
Après maints quolibets coup sur coup renvoyés,
L'homme crut avoir tort, et mit son fils en croupe.
Au bout de trente pas, une troisième troupe
Trouve encore à gloser. L'un dit : Ces gens sont fous.
Le baudet n'en peut plus ; il mourra sous leurs coups.
Eh quoi ! charger ainsi cette pauvre bourrique !
N'ont-ils point de pitié de leur vieux domestique ?
Sans doute qu'à la foire ils vont vendre sa peau.
— Parbleu ! dit le meunier, est bien fou du cerveau
Qui prétend contenter tout le monde et son père.
Essayons toutefois si par quelque manière
Nous en viendrons à bout. Ils descendent tous deux.
L'âne, se prélassant, marchait seul devant eux.

[1] Souci, inquiétude.

Un quidam les rencontre, et dit : Est-ce la mode
Que baudet aille à l'aise, et meunier s'incommode ?
Qui, de l'âne ou du maître, est fait pour se lasser ?
Je conseille à ces gens de le faire enchâsser.
Ils usent leurs souliers, et conservent leur âne !
Nicolas, au rebours ; car, quand il va voir Jeanne,
Il monte sur sa bête, et la chanson le dit.
Beau trio de baudets ! Le meunier repartit :
Je suis âne, il est vrai, j'en conviens, je l'avoue :
Mais que dorénavant on me blâme, on me loue,
Qu'on dise quelque chose, ou qu'on ne dise rien,
J'en veux faire à ma tête. Il le fit, et fit bien.

FABLE XXVIII

Les Membres et l'Estomac.

Je devais par la royauté
Avoir commencé mon ouvrage.
A la voir d'un certain côté,
Messer Gaster [1] en est l'image :
S'il a quelque besoin, tout le corps s'en ressent.

De travailler pour lui les membres se lassant,
Chacun d'eux résolut de vivre en gentilhomme,
Sans rien faire, alléguant l'exemple de Gaster.
Il faudrait, disaient-ils, sans nous, qu'il vécût d'air.
Nous suons, nous peinons comme bêtes de somme ;
Et pour qui ? pour lui seul ; nous n'en profitons pas ;
Notre soin n'aboutit qu'à fournir ses repas.
Chômons [2], c'est un métier qu'il veut nous faire appren-
Ainsi dit, ainsi fait. Les mains cessent de prendre, [dre.
Les bras d'agir, les jambes de marcher :
Tous dirent à Gaster qu'il en allât chercher.
Ce leur fut une erreur dont ils se repentirent.
Bientôt les pauvres gens tombèrent en langueur :

[1] On prononce l'*r* de *messer*, mot de provenance italienne, et de *gaster*, estomac, mot tout latin, ou plutôt tout grec.
[2] Abstenons-nous de travailler.

Il ne se forma plus de nouveau sang au cœur ;
Chaque membre en souffrit : les forces se perdirent.
  Par ce moyen les mutins virent
Que celui qu'ils croyaient oisif et paresseux,
A l'intérêt commun contribuait plus qu'eux.
Ceci peut s'appliquer à la grandeur royale.
Elle reçoit et donne, et la chose est égale.
Tout travaille pour elle ; et réciproquement
  Tout tire d'elle l'aliment.
 Elle fait subsister l'artisan de ses peines,
Enrichit le marchand, gage le magistrat,
Maintient le laboureur, donne paye au soldat,
Distribue en cent lieux ses grâces souveraines,
  Entretient seule tout l'État.

  Ménénius [3] le sut bien dire.
La commune s'allait séparer du sénat.
Les mécontents disaient qu'il avait tout l'empire,
Le pouvoir, les trésors, l'honneur, la dignité :
Au lieu que tout le mal était de leur côté,
Les tributs, les impôts, les fatigues de guerre.
Le peuple hors des murs était déjà posté,
La plupart s'en allaient chercher une autre terre ;
  Quand Ménénius leur fit voir
  Qu'ils étaient aux membres semblables,
Et par cet apologue, insigne entre les fables,
  Les ramena dans leur devoir.

[3] Député par le Sénat au peuple romain, en 492, lors de sa retraite sur le mont Aventin.

FABLE XXIX

Les Grenouilles qui demandent un Roi.

  Les grenouilles, se lassant
  De l'état démocratique [1],
  Par leurs clameurs firent tant
Que Jupin [2] les soumit au pouvoir monarchique.
Il leur tomba du ciel un roi tout pacifique :

[1] Où le peuple gouverne.
[2] Jupiter, le roi des dieux.

Ce roi fit toutefois un tel bruit en tombant,
 Que la gent marécageuse,
 Gent fort sotte et fort peureuse,
 S'alla cacher sous les eaux,
 Dans les joncs, dans les roseaux,
 Dans les trous du marécage,
Sans oser de longtemps regarder au visage
Celui qu'elles croyaient être un géant nouveau.
 Or, c'était un soliveau
De qui la gravité fit peur à la première
 Qui, de le voir s'aventurant,
 Osa bien quitter sa tanière.
 Elle approcha, mais en tremblant.
Une autre la suivit, une autre en fit autant ;
 Il en vint une fourmilière :
Et leur troupe à la fin se rendit familière
 Jusqu'à sauter sur l'épaule du roi.
Le bon sire souffre et se tient toujours coi [8].
Jupin en a bientôt la cervelle rompue :
« Donnez-nous, dit ce peuple, un roi qui se remue. »
Le monarque des dieux leur envoie une grue,
 Qui les croque, qui les tue,
 Qui les gobe à son plaisir :
 Et grenouilles de se plaindre ;
Et Jupin de leur dire : « Eh quoi ! votre désir
 A ses lois croit-il nous astreindre ?
 Vous avez dû premièrement
 Garder votre gouvernement ;
Mais, ne l'ayant pas fait, il vous devait suffire
Que votre premier roi fût débonnaire et doux.
 De celui-ci contentez-vous,
 De peur d'en rencontrer un pire. »

[8] Tranquille.

FABLE XXX

Le Renard et le Bouc.

CAPITAINE renard allait de compagnie
Avec son ami bouc des plus haut encornés [1] :

[1] Qui porte les plus hautes cornes.

Celui-ci ne voyait pas plus loin que son nez,
L'autre était passé maître en art de tromperie.
La soif les obligea de descendre en un puits ;
    Là, chacun d'eux se désaltère.
Après qu'abondamment tous deux en eurent pris,
Le renard dit au bouc : « Que ferons-nous, compère ?
Ce n'est pas tout de boire, il faut sortir d'ici.
Lève tes pieds en haut, et tes cornes aussi ;
Mets-les contre le mur ; le long de ton échine
    Je grimperai premièrement ;
    Puis, sur tes cornes m'élevant,
    A l'aide de cette machine
    De ce lieu-ci je sortirai :
    Après quoi je t'en tirerai. —
Par ma barbe [2] ! dit l'autre, il est bon ; et je loue
    Les gens bien sensés comme toi.
    Je n'aurais jamais, quant à moi,
    Trouvé ce secret, je l'avoue. »
Le renard sort du puits, laisse son compagnon,
    Et vous lui fait un beau sermon
    Pour l'exhorter à patience.
« Si le ciel t'eût, dit-il, donné par excellence
Autant de jugement que de barbe au menton,
    Tu n'aurais pas, à la légère [3],
Descendu dans ce puits. Or, adieu ; j'en suis hors ;
Tâche de t'en tirer, et fais tous tes efforts ;
    Car, pour moi, j'ai certaine affaire
Qui ne me permet pas d'arrêter en chemin. »

En toute chose il faut considérer la fin.

[2] Exclamation comique dans la bouche du bouc barbu.
[3] Sans réflexion.

FABLE XXXI

Le Loup et la Cigogne.

Les loups mangent gloutonnement.
    Un loup donc étant de frairie [1]

[1] Partie de divertissement.

Se pressa, dit-on, tellement
Qu'il en pensa perdre la vie.
Un os lui demeura bien avant au gosier.
De bonheur [2] pour ce loup, qui ne pouvait crier,
Près de là passe une cigogne.
Il lui fait signe ; elle accourt.
Voilà l'opératrice aussitôt en besogne.
Elle retira l'os ; puis, pour un si bon tour,
Elle demanda son salaire.
« Votre salaire ! dit le loup :
Vous riez, ma bonne commère !
Quoi ! ce n'est pas encor beaucoup
D'avoir de mon gosier retiré votre cou ?
Allez, vous êtes une ingrate :
Ne tombez jamais sous ma patte. »

[2] Par bonheur.

FABLE XXXII

Le Renard et les Raisins.

Certain renard gascon, d'autres disent normand,
Mourant presque de faim, vit au haut d'une treille
Des raisins mûrs apparemment [1],
Et couverts d'une peau vermeille.
Le galant en eût fait volontiers un repas ;
Mais comme il n'y pouvait atteindre :
« Ils sont trop verts, dit-il, et bons pour des goujats [2]. »

Fit-il pas mieux que de se plaindre ?

[1] D'après l'apparence, à ce qu'il semblait. Cette signification a vieilli.
[2] Des valets d'armée, et, par extension, des hommes sales et grossiers.

FABLE XXXIII

Les Loups et les Brebis.

Après mille ans et plus de guerre déclarée,
Les loups firent la paix avecque les brebis.
C'était apparemment le bien des deux partis,
Car si les loups mangeaient mainte bête égarée,
Les bergers de leur peau se faisaient maints habits.
Jamais de liberté, ni pour les pâturages,
  Ni d'autre part pour les carnages :
Ils ne pouvaient jouir qu'en tremblant de leurs biens.
La paix se conclut donc : on donne des otages ;
Les loups leurs louveteaux, et les brebis leurs chiens.
L'échange en étant fait aux formes ordinaires,
  Et réglé par des commissaires.
Au bout de quelque temps que messieurs les louvats [1]
Se virent loups parfaits et friands de tuerie,
Ils vous prennent le temps que dans la bergerie
  Messieurs les bergers n'étaient pas,
Étranglent la moitié des agneaux les plus gras,
Les emportent aux dents, dans les bois se retirent.
Ils avaient averti leurs gens secrètement.
Les chiens, qui, sur leur foi, reposaient sûrement,
  Furent étranglés en dormant :
Cela fut sitôt fait qu'à peine ils le sentirent.
Tout fut mis en morceaux, un seul n'en échappa.

  Nous pouvons conclure de là
Qu'il faut faire aux méchants guerre continuelle.
  La paix est fort bonne de soi,
  J'en conviens : mais de quoi sert-elle
  Avec des ennemis sans foi ?

[1] Louveteaux, jeunes loups. Ce terme est peu usité.

FABLE XXXIV

Le Lion devenu vieux.

Le lion, terreur des forêts,
Chargé d'ans et pleurant son antique prouesse [1]
Fut enfin attaqué par ses propres sujets,
    Devenus forts par sa faiblesse.
Le cheval s'approchant, lui donne un coup de pié,
Le loup un coup de dent, le bœuf un coup de corne.
Le malheureux lion, languissant, triste et morne,
Peut à peine rugir, par l'âge estropié.
Il attend son destin sans faire aucunes plaintes ;
Quand voyant l'âne même à son antre accourir :
Ah ! c'est trop, lui dit-il, je voulais bien mourir ;
Mais c'est mourir deux fois que souffrir tes atteintes.

[1] Vaillance digne d'un preux.

FABLE XXXV

La Belette entrée dans un grenier.

Damoiselle belette au corps long et fluet,
Entra dans un grenier par un trou fort étroit,
    Elle sortait de maladie.
    Là, vivant à discrétion,
    La galande [1] fit chère lie [2],
    Mangea, rongea : Dieu sait la vie,
Et le lard qui périt en cette occasion !
    La voilà, pour conclusion,

[1] On dirait aujourd'hui galante.
[2] Chère joyeuse. L'ancien adjectif, *lie,* du latin *lœtus,* se retrouve dans le substantif *liesse,* joie : Notre Dame de liesse.

Grasse, maflue ³ et rebondie.
Au bout de la semaine, ayant dîné son soû,
Elle entend quelque bruit, veut sortir par le trou,
Ne peut plus repasser, et croit s'être méprise.
　　　Après avoir fait qulques tours :
« C'est, dit-elle, l'endroit ; me voilà bien surprise :
J'ai passé par ici depuis cinq ou six jours. »
　　　Un rat, qui la voyait en peine,
Lui dit : « Vous aviez lors la panse un peu moins pleine.
Vous êtes maigre entrée, il faut maigre sortir.
Ce que je vous dis là, l'on le dit à bien d'autres ;
Mais ne confondons point, par trop approfondir.
　　　Leurs affaires avec les vôtres. »

³ Qui a de grosses joues, joufflu. Ce mot s'écrit aujourd'hui avec deux *f*. On dit aussi *mafflé*.

FABLE XXXVI

Le Chat et un vieux Rat.

　　　J'ai lu, chez un conteur de fables,
Qu'un second Rodilard ¹, l'Alexandre des chats ².
　　　L'Attila ³, le fléau des rats,
　　　Rendait ces derniers misérables ;
　　　J'ai lu, dis-je, en certain auteur,
　　　Que ce chat exterminateur,
Vrai Cerbère ⁴, était craint une lieue à la ronde ;
Il voulait de souris dépeupler tout le monde.
Les planches qu'on suspend sur un léger appui,
　　　La mort-aux-rats, les souricières,
　　　N'étaient que jeux au prix de lui.
　　　Comme il voit que dans leurs tanières

¹ Voir page 24.
² Allusion au grand capitaine Alexandre, roi de Macédoine.
³ Attila, roi des Huns, s'était surnommé lui-même le *Fléau de Dieu*, c'est-à-dire le fouet dont Dieu se servait pour châtier les nations.
⁴ Cerbère, chien à triple tête, gardait l'entrée des Enfers.

Les souris étaient prisonnières,
Qu'elles n'osaient sortir ; qu'il avait beau chercher ;
Le galant ⁵ fait le mort, et, du haut d'un plancher,
Se pend la tête en bas : la bête scélérate
A de certains cordons se tenait par la patte.
Le peuple des souris croit que c'est châtiment,
Qu'il a fait un larcin de rôt ou de fromage,
Égratigné quelqu'un, causé quelque dommage,
Enfin, qu'on a pendu le mauvais garnement.
  Toutes, dis-je, unanimement,
Se promettent de rire à son enterrement,
Mettent le nez à l'air, montrent un peu la tête,
  Puis rentrent dans leurs nids à rats,
  Puis ressortant, font quatre pas,
  Puis enfin se mettent en quête ⁶.
  Mais voici bien une autre fête :
Le pendu ressuscite, et, sur ses pieds tombant,
  Attrape les plus paresseuses.
« Nous en savons plus d'un ⁷, dit-il en les gobant :
C'est tour de vieille guerre ; et vos cavernes creuses
Ne vous sauveront pas, je vous en avertis.
  Vous viendrez toutes au logis. »
Il prophétisait vrai : notre maître Mitis ⁸
Pour la seconde fois les trompe et les affine ⁹,
  Blanchit sa robe et s'enfarine ;
  Et, de la sorte déguisé,
Se niche et se blottit dans une huche ouverte.
  Ce fut à lui bien avisé ¹⁰ :
La gent trotte-menu s'en vient chercher sa perte.
Un rat, sans plus, s'abstient d'aller flairer autour ;
C'était un vieux routier, il savait plus d'un tour ;
Même il avait perdu sa queue à la bataille.
« Ce bloc enfariné ne me dit rien qui vaille,
S'écria-t-il de loin au général des chats :

⁵ Le rusé.
⁶ En recherche.
⁷ Nous savons plus d'un tour.
⁸ *Mitis*, mot latin qui signifie doux, douceret, est un qualificatif bien appliqué au chat.
⁹ Les dupe avec finesse.
¹⁰ Il fut bien avisé en faisant cela.

Je soupçonne dessous encor quelque machine.
    Rien ne te sert d'être farine ;
Car, quand tu serais sac, je n'approcherais pas. »

C'était bien dit à lui, j'approuve sa prudence :
    Il était expérimenté,
    Il savait que la méfiance
    Est mère de la sûreté.

FABLE XXXVII

Le Jardinier et son Seigneur.

    Un amateur de jardinage,
    Demi-bourgeois, demi-manant [1],
    Possédait en certain village
Un jardin assez propre, et le clos attenant.
Il avait de plant vif fermé cette étendue :
Là croissaient à plaisir l'oseille et la laitue,
De quoi faire à Margot pour sa fête un bouquet
Peu de jasmin d'Espagne, et force serpolet.
Cette félicité par un lièvre troublée
Fit qu'au seigneur du bourg notre homme se plaignit.
Ce maudit animal vient prendre sa goulée
Soir et matin, dit-il, et des piéges se rit ;
Les pierres, les bâtons y perdent leur crédit.
Il est sorcier, je crois. — Sorcier ! je l'en défie,
Repartit le seigneur ; fût-il diable, Miraut,
En dépit de ses tours, l'attrapera bientôt.
Je vous en déferai, bon homme, sur ma vie. —
Et quand ? — Et dès demain, sans tarder plus longtemps.
La partie ainsi faite, il vient avec ses gens.
Cependant on fricasse, on se rue en cuisine.
« De quand sont vos jambons ? ils ont fort bonne mine.—
Monsieur, ils sont à vous. — Vraiment ? dit le seigneur,
    Je les reçois, et de bon cœur. »
L'embarras des chasseurs succède au déjeuné.

[1] *Manant* signifiait paysan.

Chacun s'anime et se prépare.
Les trompes et les cors font un tel tintamarre
  Que le bon homme est étonné.
Le pis fut que l'on mit en piteux équipage
Le pauvre potager ; adieu planches, carreaux,
  Adieu chicorée et poireaux ;
  Adieu de quoi mettre au potage.
Le lièvre était gîté dessous un maître chou.
On le quête, on le lance : il s'enfuit par un trou,
Non pas trou, mais trouée, horrible et large plaie
  Que l'on fit à la pauvre haie
Par ordre du seigneur ; car il eût été mal
Qu'on n'eût pu du jardin sortir tout à cheval.
Le bon homme disait : « Ce sont là jeux de prince ! »
Mais on le laissait dire ; et les chiens et les gens
Firent plus de dégât en une heure de temps
  Que n'en auraient fait en cent ans
  Tous les lièvres de la province.

Petits princes, videz vos débats entre vous :
De recourir aux rois vous seriez de grands fous :
Il ne les faut jamais engager dans vos guerres,
  Ni les faire entrer sur vos terres.

FABLE XXXVIII

L'Ane et le petit Chien.

Ne forçons point notre talent,
Nous ne ferions rien avec grâce :
Jamais un lourdaud, quoi qu'il fasse,
Ne saurait passer pour galant [1],
Peu de gens que le ciel chérit et gratifie
Ont le don d'agréer infus [2] avec la vie.
  C'est un point qu'il leur faut laisser,
Et ne pas ressembler à l'âne de la fable,
  Qui, pour se rendre plus aimable

[1] Léger, agréable — [2] Mis en eux.

Et plus cher à son maître, alla le caresser.
« Comment, disait-il en son âme,
Ce chien, parce qu'il est mignon,
Vivra de pair à compagnon
Avec monsieur, avec madame,
Et j'aurai des coups de bâton !
Que fait-il ? il donne la patte,
Puis aussitôt il est baisé :
S'il en faut faire autant afin que l'on me flatte,
Cela n'est pas bien malaisé. »
Dans cette admirable pensée,
Voyant son maître en joie, il s'en vient lourdement,
Lève une corne tout usée,
La lui porte au menton fort amoureusement,
Non sans accompagner, pour plus grand ornement,
De son chant gracieux cette action hardie.
« Oh ! oh ! quelle caresse ! et quelle mélodie !
Dit le maître aussitôt. Holà ! Martin-bâton[3] ! »
Martin-bâton accourt : l'âne change de ton.
Ainsi finit la comédie.

[3] Valet d'écurie armé d'un bâton.

FABLE XXXIX

Le combat des Rats et des Belettes.

La nation des belettes,
Non plus que celle des chats,
Ne veut aucun bien aux rats :
Et, sans les portes étrètes[1]
De leurs habitations,
L'animal à longue échine
En ferait, je m'imagine,
De grandes destructions.
Or, une certaine année

[1] *Étrètes*, employé pour la rime, au lieu d'*étroites*, est une prononciation picarde et normande.

Qu'il en était à foison,
Leur roi, nommé Ratapon,
Mit en campagne une armée.
Les belettes, de leur part,
Déployèrent l'étendard.
Si l'on croit la renommée,
La victoire balança ;
Plus d'un guéret s'engraissa
Du sang de plus d'une bande ;
Mais la perte la plus grande
Tomba presque en tous endroits
Sur le peuple souriquois :
Sa déroute fut entière,
Quoi que pût faire Artapax,
Psicarpax, Méridarpax [2],
Qui, tout couverts de poussière,
Soutinrent assez longtemps
Les efforts des combattants.
Leur résistance fut vaine.
Il fallut céder au sort :
Chacun s'enfuit au plus fort [3],
Tant soldats que capitaine.
Les princes périrent tous.
La racaille, dans les trous
Trouvant sa retraite prête,
Se sauva sans grand travail ;
Mais les seigneurs sur leur tête
Ayant chacun un plumail,
Des cornes ou des aigrettes,
Soit comme marque d'honneur,
Soit afin que les belettes
En conçussent plus de peur,
Cela causa leur malheur.
Trou, ni fente ni crevasse,
Ne fut large assez pour eux :
Au lieu que la populace
Entrait dans les moindres creux.

[2] *Artapax*, voleur de pain, *Psicarpax*, voleur de miettes, *Méridarpax*, voleur de morceaux entiers, sont trois personnages du *Combat des rats et des grenouilles* d'Homère.

Au plus vite.

La principale jonchée
Fut donc des principaux rats.

Une tête empanachée
N'est pas petit embarras.
Le trop superbe équipage
Peut souvent en un passage
Causer du retardement.
Les petits en toute affaire
Esquivent fort aisément :
Les grands ne le peuvent faire.

FABLE XL

Le Geai paré des plumes du Paon.

Un paon [1] muait [2] : un geai prit son plumage ;
　　Puis après se l'accommoda ;
Puis parmi d'autres paons tout fier se panada,
　　Croyant être un beau personnage.
Quelqu'un le reconnut : il se vit bafoué,
　　Berné, sifflé, moqué, joué,
Et par messieurs les paons plumé d'étrange sorte.
Même vers ses pareils s'étant réfugié,
　　Il fut par eux mis à la porte.

Il est assez de geais à deux pieds comme lui,
Qui se parent souvent des dépouilles d'autrui,
　　Et que l'on nomme plagiaires [3].
Je m'en tais, et ne veux leur causer nul ennui
　　Ce ne sont pas là mes affaires.

[1] La Fontaine écrit *pan*, selon la prononciation.
[2] Changeait de plumage.
[3] Les plagiaires sont ceux qui s'approprient les idées et le style d'autrui.

FABLE XLI

Le cheval s'étant voulu venger du Cerf.

De tout temps les chevaux ne sont nés pour les hommmes.
Lorsque le genre humain de glands se contentait,
Ane, cheval et mule, aux forêts habitait;
Et l'on ne voyait point, comme au siècle où nous sommes,
    Tant de selles et tant de bâts,
    Tant de harnais pour les combats,
    Tant de chaises [1], tant de carrosses;
    Comme aussi ne voyait-on pas,
    Tant de festins et tant de noces.
Or, un cheval eut alors différend
    Avec un cerf plein de vitesse;
Et, ne pouvant l'attraper en courant,
Il eut recours à l'homme, implora son adresse.
L'homme lui mit un frein, lui sauta sur le dos,
    Ne lui donna point de repos
Que le cerf ne fût pris et n'y laissât la vie.
Et cela fait le cheval remercie
L'homme son bienfaiteur, disant : « Je suis à vous;
Adieu, je m'en retourne en mon séjour sauvage. —
Non pas cela, dit l'homme; il fait meilleur chez nous.
    Je vois trop quel est votre usage [2].
    Demeurez donc : vous serez bien traité,
    Et jusqu'au ventre en la litière. »

    Hélas ! que sert la bonne chère
    Quand on n'a pas la liberté ?
Le cheval s'aperçut qu'il avait fait folie :
Mais il n'était plus temps; déjà son écurie
    Était prête et toute bâtie.
    Il y mourut en traînant son lien :
Sage s'il eût remis une légère offense.

---

[1] Chaises à porteurs.
[2] L'usage dont vous pouvez être.

Quel que soit le plaisir que cause la vengeance,
C'est l'acheter trop cher que l'acheter d'un bien
Sans qui les autres ne sont rien.

FABLE XLII

Le Renard et le Buste.

Les grands, pour la plupart, sont masques de théâtre ;
Leur apparence impose au vulgaire idolâtre.
L'âne n'en sait juger que par ce qu'il en voit,
Le renard, au contraire, à fond les examine,
Les tourne de tout sens ; et, quand il s'aperçoit
    Que leur fait n'est que bonne mine [1],
Il leur applique un mot qu'un buste de héros
    Lui fit dire fort à propos.
C'était un buste creux et plus grand que nature.
Le renard, en louant l'effort de la sculpture :
« Belle tête, dit-il, mais de cervelle point. »

Combien de grands seigneurs sont bustes en ce point

[1] C'est-à-dire qu'ils n'ont pas d'autre avantage qu'un bel extérieur.

FABLE XLIII

Le Loup, la Chèvre et le Chevreau.

La bique allant remplir sa traînante mamelle,
    Et paître l'herbe nouvelle,
    Ferma sa porte au loquet,
    Non sans dire à son biquet :
    « Gardez-vous, sur votre vie,
    D'ouvrir que l'on ne vous die [1],

[1] Dise.

   Pour enseigne et mot du guet² :
   Foin du loup et de sa race ! »
   Comme elle disait ces mots,
   Le loup, de fortune³, passe :
   Il les recueille à propos,
   Et les garde en sa mémoire.
   La bique, comme on peut croire,
   N'avait pas vu le glouton.
Dès qu'il la voit partie, il contrefait son ton,
   Et, d'une voix papelarde⁴,
Il demande qu'on ouvre, en disant : « Foin⁵ du loup ! »
   Et croyant entrer tout d'un coup.
Le biquet soupçonneux par la fente regarde.
« Montrez-moi patte blanche, ou je n'ouvrirai point, »
S'écria-t-il d'abord. Patte blanche est un point
Chez les loups, comme on sait, rarement en usage.
Celui-ci, fort surpris d'entendre ce langage,
Comme il était venu s'en retourna chez soi.
Où serait le biquet, s'il eût ajouté foi
   Au mot du guet que de fortune
   Notre loup avait entendu ?

   Deux sûretés valent mieux qu'une,
Et le trop en cela ne fut jamais perdu.

² Mot d'ordre donné à des soldats pour se faire reconnaître.
³ Par hasard. — ⁴ Hypocrite.
⁵ Exclamation qui exprime le dégoût.

FABLE XLIV

Le Loup, la Mère et l'Enfant.

  Ce loup me remet en mémoire
Un de ses compagnons qui fut encor mieux pris ;
  Il y périt. Voici l'histoire :

Un villageois avait à l'écart son logis.
Messer loup attendait chape-chute¹ à la porte

¹ Une bonne aubaine

Il avait vu sortir gibier de toute sorte,
  Veaux de lait, agneaux et brebis,
Régiments de dindons, enfin bonne provende ².
Le larron commençait pourtant à s'ennuyer.
  Il entend un enfant crier :
  La mère aussitôt le gourmande,
  Le menace, s'il ne se tait,
De le donner au loup. L'animal se tient prêt,
Remerciant les dieux d'une telle aventure,
Quand la mère, apaisant sa chère géniture,
Lui dit : « Ne criez point ; s'il vient, nous le tuerons. »
— Qu'est ceci ? s'écria le mangeur de moutons :
Dire d'un, puis d'un autre ? Est-ce ainsi que l'on traite
Les gens faits comme moi ? me prend-on pour un sot ?
  Que quelque jour ce beau marmot
  Vienne au bois cueillir la noisette.... »
Comme il disait ces mots, on sort de la maison :
Un chien de cour l'arrête ; épieux et fourches-fières
  L'ajustent de toutes manières.
« Que veniez-vous chercher en ce lieu ? » lui dit-on.
  Aussitôt il conta l'affaire.
  « Merci de moi ! lui dit la mère,
Tu mangeras mon fils ! L'ai-je fait à dessein
  Qu'il assouvisse un jour ta faim ! »
  On assomma la pauvre bête.
Un manant lui coupa le pied droit et la tête :
Le seigneur du village à sa porte les mit ;
Et ce dicton picard à l'entour fut écrit :
  « Biaux chires leups, n'écoutez mie
  « Mère tenchent cheu fieux qui crie ³. »

² Provision de bouche.
³ Beaux sires loups, n'écoutez pas mère tençant son fils qui crie.

FABLE XLV

Parole de Socrate.

SOCRATE ¹ un jour faisant bâtir,

¹ Célèbre philosophe athénien, qui s'adonna surtout à l'étude de la morale ; il vivait 450 ans avant J.-C.

Chacun censurait son ouvrage :
L'un trouvait les dedans, pour ne lui point mentir,
　　Indignes d'un tel personnage ;
L'autre blâmait la face ; et tous étaient d'avis
Que les appartements en étaient trop petits.
Quelle maison pour lui ! l'on y tournait à peine.
　　« Plût au ciel que de vrais amis,
Telle qu'elle est, dit-il, elle pût être pleine ! »
　　Le bon Socrate avait raison
De trouver pour ceux-là trop grande sa maison.
Chacun se dit ami ; mais fou qui s'y repose :
　　Rien n'est plus commun que ce nom,
　　Rien n'est plus rare que la chose.

FABLE XLVI

Le Vieillard et ses Enfants.

Toute puissance est faible, à moins que d'être unie :
Écoutez là-dessus l'esclave de Phrygie [1].
Si j'ajoute du mien à son invention,
C'est pour peindre nos mœurs, et non point par envie,
Je suis trop au-dessous de cette ambition.
Phèdre enchérit souvent par un motif de gloire.
Pour moi, de tels pensers me seraient mal séants.
Mais venons à la fable, ou plutôt à l'histoire
De celui qui tâcha d'unir tous ses enfants.

Un vieillard près d'aller où la mort l'appelait :
« Mes chers enfants, dit-il (à ses fils il parlait),
Voyez si vous romprez ces dards liés ensemble :
Je vous expliquerai le nœud qui les assemble. »
L'aîné, les ayant pris et fait tous ses efforts,
Les rendit, en disant : « Je le donne aux plus forts. »
Un second lui succède, et se met en posture.
Mais en vain. Un cadet tente aussi l'aventure.
Tous perdirent leur temps ; le faisceau résista :

---

[1] Ésope, né en Phrygie.

De ces dards joints ensemble un seul ne s'éclata.
« Faibles gens ! dit le père ; il faut que je vous montre
Ce que ma force peut en semblable rencontre. »
On crut qu'il se moquait ; on sourit, mais à tort.
Il sépare les dards, et les rompt sans effort.
« Vous voyez, reprit-il, l'effet de la concorde :
Soyez joints, mes enfants, que l'amour vous accorde. »
Tant que dura son mal, il n'eut autre discours.
Enfin se sentant près de terminer ses jours :
« Mes chers enfants, dit-il, je vais où sont nos pères,
Adieu ; promettez-moi de vivre comme frères :
Que j'obtienne de vous cette grâce en mourant. »
Chacun de ses trois fils l'en assure en pleurant.
Il prend à tous les mains, il meurt. Et les trois frères
Trouvent un bien fort grand, mais fort mêlé d'affaires.
Un créancier saisit, un voisin fait procès :
D'abord notre trio s'en tire avec succès.
Leur amitié fut courte autant qu'elle était rare.
Le sang les avait joints, l'intérêt les sépare :
L'ambition, l'envie, avec les consultants,
Dans la succession entrent en même temps.
On en vient au partage, on conteste, on chicane.
Le juge sur cent points tour à tour les condamne.
Créanciers et voisins reviennent aussitôt,
Ceux-là sur une erreur, ceux-ci sur un défaut.
Les frères désunis sont tous d'avis contraire ;
L'un veut s'accommoder, l'autre n'en veut rien faire.
Tous perdirent leur bien, et voulurent trop tard
Profiter de ces dards unis et pris à part.

FABLE XLVII

L'avare qui a perdu son trésor

L'usage seulement fait la possession.
Je demande à ces gens de qui la passion
Est d'entasser toujours, mettre somme sur somme,
Quel avantage ils ont que n'ait pas un autre homme.

Diogène¹ là-bas ² est aussi riche qu'eux,
Et l'avare ici-haut ³, comme lui, vit en gueux.
L'homme au trésor caché, qu'Ésope nous propose,
　Servira d'exemple à la chose.

　　Ce malheureux attendait
Pour jouir de son bien une seconde vie ;
Ne possédait pas l'or, mais l'or le possédait.
Il avait dans la terre une somme enfouie,
　Son cœur avec, n'ayant autre déduit ⁴
　　Que d'y ruminer jour et nuit,
Et rendre sa chevance ⁵ à lui-même sacrée.
Qu'il allât ou qu'il vînt, qu'il bût ou qu'il mangeât,
On l'eût pris de bien court, à moins qu'il ne songeât
A l'endroit où gisait cette somme enterrée.
Il y fit tant de tours qu'un fossoyeur le vit,
Se douta du dépôt, l'enleva sans rien dire.
Notre avare un beau jour ne trouva que le nid.
Voilà mon homme aux pleurs : il gémit, il soupire,
　Il se tourmente, il se déchire.
Un passant lui demande à quel sujet ses cris. —
« C'est mon trésor que l'on m'a pris. —
Votre trésor ! où pris ? — Tout joignant⁶ cette pierre. —
　Eh ! sommes-nous en temps de guerre,
Pour l'apporter si loin ? N'eussiez-vous pas mieux fait
De le laisser chez vous en votre cabinet,
　　Que de le changer de demeure ?
Vous auriez pu sans peine y puiser à toute heure. —
A toute heure ! bon Dieu ! ne tient-il qu'à cela ?

---

¹ Diogène, philosophe cynique, né à Sinope, 413 ans avant J.-C., fut chassé de sa patrie avec son père pour avoir fait de la fausse monnaie. Il vint de bonne heure à Athènes où il étudia la philosophie sous Antisthène dont il exagéra plus tard les principes. Il y vécut dans la plus grande misère et ne subsistait guère que d'aumônes. Dans un voyage à Égine, il fut pris par des pirates, vendu comme esclave à Corinthe, et acheté par le philosophe Xéniade, qui lui confia l'intendance de ses biens et l'éducation de ses enfants. Il mourut à Corinthe âgé de 90 ans.

² Chez les morts. — ³ Sur la terre. — ⁴ Divertissement. — ⁵ Trésor. — ⁶ Tout contre, tout près.

L'argent vient-il comme il s'en va ?
Je n'y touchais jamais. — Dites-moi donc, de grâce.
Reprit l'autre, pourquoi vous vous affligez tant ?
Puisque vous ne touchiez jamais à cet argent,
　　Mettez une pierre à la place ;
　　Elle vous vaudra tout autant. »

FABLE XLVIII

L'œil du Maître.

Un cerf, s'étant sauvé dans une étable à bœufs,
　　Fut d'abord averti par eux
　　Qu'il cherchât un meilleur asile.
« Mes frères, leur dit-il, ne me décelez pas :
Je vous enseignerai les pâtis les plus gras ;
Ce service vous peut quelque jour être utile,
　　Et vous n'en aurez point regret. »
Les bœufs, à toutes fins, promirent le secret.
Il se cache en un coin, respire, et prend courage.
Sur le soir on apporte herbe fraîche et fourrage,
　　Comme l'on faisait tous les jours.
　　L'on va, l'on vient, les valets font cent tours,
　　L'intendant même ; et pas un d'aventure
　　　N'aperçut ni cor, ni ramure[1],
　　Ni cerf enfin. L'habitant des forêts
Rend déjà grâce aux bœufs, attend dans cette étable
Que, chacun retournant au travail de Cérès[2],
Il trouve, pour sortir, un moment favorable.
L'un des bœufs ruminant lui dit : « Cela va bien :
Mais quoi ! l'homme aux cent yeux n'a pas fait sa revue.
　　Je crains fort pour toi sa venue :
Jusque-là, pauvre cerf, ne te vante de rien. »
Là-dessus le maître entre, et vient faire sa ronde.
　　« Qu'est ceci ? dit-il à son monde ;
Je trouve bien peu d'herbe en tous ces râteliers.

[1] Terme de chasseur, pour signifier les cornes du cerf.
[2] Le labourage, ou tout autre travail de la terre.

Cette litière est vieille, allez vite aux greniers.
Je veux voir désormais vos bêtes mieux soignées.
Que coûte-il d'ôter toutes ces araignées ?
Ne saurait-on ranger ces jougs et ces colliers ? »
En regardant à tout, il voit une autre tête
Que celles qu'il voyait d'ordinaire en ce lieu.
Le cerf est reconnu : chacun prend un épieu ;
  Chacun donne un coup à la bête.
Ses larmes ne sauraient la sauver du trépas.
On l'emporte, on la sale, on en fait maint repas,
  Dont maint voisin s'éjouit d'être.
  Il n'est, pour voir, que l'œil du maître.

FABLE XLIX

L'Alouette et ses Petits, avec le Maître d'un champ.

Ne t'attends qu'à toi seul [1] : c'est un commun proverbe.
  Voici comme Ésope le mit
   En crédit :

  Les alouettes font leur nid
  Dans les blés quand ils sont en herbe.
Un peu plus tard pourtant une se résolut
D'imiter la nature, et d'être mère encore.
Elle bâtit un nid, pond, couve, et fait éclore
A la hâte : le tout alla du mieux qu'il put.
Les blés d'alentour mûrs avant que la nitée [2]
  Se trouvât assez forte encor
  Pour voler et prendre l'essor,
De mille soins divers l'alouette agitée
S'en va chercher pâture, avertit ses enfants
D'être toujours au guet et faire sentinelle.
  « Si le possesseur de ces champs
Vient avecque son fils, comme il viendra, dit-elle,
  Écoutez bien : selon ce qu'il dira,

[1] Ne compte que sur toi seul.
[2] La nichée.

Chacun de nous décampera. »
Sitôt que l'alouette eut quitté sa famille,
Le possesseur du champ vient avecque son fils.
« Ces blés sont mûrs, dit-il ; allez chez nos amis
Les prier que chacun, apportant sa faucille,
Nous vienne aider demain dès la pointe du jour. »
  Notre alouette de retour
  Trouve en alarme sa couvée.
L'un commence : « Il a dit que, l'aurore levée,
L'on fît venir demain ses amis pour l'aider. »
« S'il n'a dit que cela, repartit l'alouette,
Rien ne nous presse encor de changer de retraite;
Mais c'est demain qu'il faut tout de bon écouter.
Cependant soyez gais : voilà de quoi manger. »
Eux repus, tout s'endort, les petits et la mère.
L'aube du jour arrive, et d'amis point du tout.
L'alouette à l'essor³, le maître s'en vient faire
  Sa ronde ainsi qu'à l'ordinaire.
« Ces blés ne devraient pas, dit-il, être debout.
Nos amis ont grand tort, et tort qui se repose
Sur de tels paresseux, à servir aussi lents.
  Mon fils, allez chez nos parents
  Les prier de la même chose. »
L'épouvante est au nid plus forte que jamais.
« Il a dit ses parents, mère ! c'est à cette heure...
  — Non, mes enfants, dormez en paix :
Ne bougeons de notre demeure. »
L'alouette eut raison ; car personne ne vint.
Pour la troisième fois, le maître se souvint
De visiter ses blés. « Notre erreur est extrême,
Dit-il, de nous attendre à d'autres gens que nous;
Il n'est meilleur ami ni parent que soi-même.
Retenez bien cela, mon fils. Et savez-vous
Ce qu'il faut faire ? Il faut qu'avec notre famille
Nous prenions dès demain chacun une faucille;
C'est là notre plus court ; et nous achèverons
  Notre moisson quand nous pourrons. »
Dès lors que ce dessein fut su de l'alouette :
« C'est ce coup⁴ qu'il est bon de partir, mes enfants ! »

³ Ayant pris son essor.
⁴ C'est à ce coup, c'est maintenant.

Et les petits, en même temps,
Voletants, se culebutants,
Délogèrent tous sans trompette.

FABLE L
Le Bûcheron et Mercure.

Un bûcheron perdit son gagne-pain,
C'est sa cognée; et la cherchant en vain,
Ce fut pitié là-dessus de l'entendre.
Il n'avait pas des outils à revendre :
Sur celui-ci roulait tout son avoir.
Ne sachant donc où mettre son espoir,
Sa face était de pleurs toute baignée :
« O ma cognée ! ô ma pauvre cognée !
S'écriait-il : Jupiter, rends-la-moi ;
Je tiendrai l'être encore un coup de toi. »
Sa plainte fut de l'Olympe entendue.
Mercure vient. « Elle n'est pas perdue,
Lui dit ce dieu ; la connaîtras-tu bien ?
Je crois l'avoir près d'ici rencontrée. »
Lors une d'or à l'homme étant montrée,
Il répondit : « Je n'y demande rien. »
Une d'argent succède à la première :
Il la refuse. Enfin une de bois.
« Voilà, dit-il, la mienne cette fois :
Je suis content si j'ai cette dernière. »
« Tu les auras, dit le dieu, toutes trois :
Ta bonne foi sera récompensée. »
« En ce cas-là je les prendrai, » dit-il.
L'histoire en est aussitôt dispersée [1] :
Et boquillons [2] de perdre leur outil,
Et de crier pour se le faire rendre.
Le roi des dieux ne sait auquel entendre.
Son fils Mercure aux criards vient encor :
A chacun d'eux il en montre une d'or.
Chacun eût cru passer pour une bête

[1] Répandue.
[2] Apprentis bûcherons.

De ne pas dire aussitôt : « La voilà ! »
Mercure, au lieu de donner celle-là,
Leur en décharge un grand coup sur la tête.

Ne point mentir, être content du sien,
C'est le plus sûr : cependant on s'occupe
A dire faux pour attraper du bien.
Que sert cela ? Jupiter n'est pas dupe.

FABLE LI

Le Pot de terre et le Pot de fer.

Le pot de fer proposa
Au pot de terre un voyage.
Celui-ci s'en excusa,
Disant qu'il ferait que sage [1]
De garder le coin du feu ;
Car il lui fallait si peu,
Si peu, que la moindre chose
De son débris [2] serait cause :
Il n'en reviendrait morceau.
— Pour vous, dit-il, dont la peau
Est plus dure que la mienne,
Je ne vois rien qui vous tienne.
« Nous vous mettrons à couvert,
Repartit le pot de fer :
Si quelque matière dure
Vous menace d'aventure,
Entre deux je passerai,
Et du coup vous sauverai. »
Cette offre le persuade.
Pot de fer son camarade
Se met droit à ses côtés.
Mes gens s'en vont à trois pieds
Clopin clopant comme ils peuvent.
L'un contre l'autre jetés
Au moindre hoquet [3] qu'ils treuvent [4].

[1] Qu'il agirait en personne sage.
[2] Serait cause qu'il serait brisé. *Débris* a ici le sens de *bris*.
[3] Heurt, choc. — [4] Vieille prononciation pour *trouvent*.

Le pot de terre en souffre : il n'eut pas fait cent pas,
Que par son compagnon il fut mis en éclats,
    Sans qu'il eût lieu de se plaindre.

Ne nous associons qu'avecque nos égaux,
    Ou bien il nous faudra craindre
    Le destin d'un de ces pots [5].

[5] Cette leçon est sage ; mais le dialogue manque trop de vraisemblance.

FABLE LII

Le petit Poisson et le Pêcheur.

Petit poisson deviendra grand,
Pourvu que Dieu lui prête vie ;
Mais le lâcher en attendant,
Je tiens pour moi que c'est folie :
Car de le rattraper il n'est pas trop certain.

Un carpeau, qui n'était encore que fretin,
Fut pris par un pêcheur au bord d'une rivière.
« Tout fait nombre, dit l'homme en voyant son butin ;
Voilà commencement de chère et de festin :
    Mettons-le en notre gibecière. »
Le pauvre carpillon lui dit en sa manière :
« Que ferez-vous de moi ? je ne saurais fournir
    Au plus qu'une demi-bouchée.
    Laissez-moi carpe devenir :
    Je serai par vous repêchée ;
Quelque gros partisan [1] m'achètera bien cher ;
    Au lieu qu'il vous en faut chercher
    Peut-être encor cent de ma taille
Pour faire un plat : quel plat ! croyez moi, rien qui vaille.
— Rien qui vaille ! hé bien ! soit, repartit le pêcheur ;
Poisson, mon bel ami, qui faites le prêcheur ;
Vous irez dans la poêle ; et, vous avez beau dire,

[1] On appelait partisan celui qui avait fait un traité avec le roi pour la perception de telle ou telle partie des impôts.

Dès ce soir on vous fera frire. »
Un *tiens* vaut, ce dit-on, mieux que deux *tu l'auras*.
L'un est sûr, l'autre ne l'est pas.

FABLE LIII

Le Renard ayant la queue coupée

Un vieux renard, mais des plus fins,
Grand croqueur de poulets, grand preneur de lapins,
　　Sentant son renard d'une lieue,
　　Fut enfin au piége attrapé.
　Par grand hasard en étant échappé,
Non pas franc[1], car pour gage il y laissa sa queue,
S'étant, dis-je, sauvé sans queue, et tout honteux,
Pour avoir des pareils (comme il était habile),
Un jour que les renards tenaient conseil entre eux :
« Que faisons-nous, dit-il, de ce poids inutile
Et qui va balayant tous les sentiers fangeux ?
Que nous sert cette queue? Il faut qu'on se la coupe :
　Si l'on me croit, chacun s'y résoudra. —
Votre avis est fort bon, dit quelqu'un de la troupe :
Mais tournez-vous, de grâce; et l'on vous répondra. »
A ces mots il se fit une telle huée,
Que le pauvre écourté ne put être entendu.
Prétendre ôter la queue eût été temps perdu ;
　　La mode en fut continuée.

[1] Sans avoir rien perdu, entier.

FABLE LIV

Le Laboureur et ses Enfants.

Travaillez, prenez de la peine :
C'est le fond qui manque le moins.

Un riche laboureur, sentant sa mort prochaine.

Fit venir ses enfants, leur parla sans témoins.
« Gardez-vous, leur dit-il, de vendre l'héritage
    Que nous ont laissé nos parents :
    Un trésor est caché dedans.
Je ne sais pas l'endroit ; mais un peu de courage
Vous le fera trouver : vous en viendrez à bout.
Remuez votre champ dès qu'on aura fait l'oût [1] :
Creusez, fouillez, bêchez ; ne laissez nulle place
    Où la main ne passe et repasse. »
Le père mort, les fils vous retournent le champ
Deçà, delà, partout ; si bien qu'au bout de l'an
    Il en rapporta davantage.
D'argent, point de caché. Mais le père fut sage
    De leur montrer, avant sa mort,
    Que le travail est un trésor.

[1] *Oût,* pour *août,* désigne ici la moisson qui se fait au mois d'août.

FABLE LV

La Fortune et le jeune Enfant.

    Sur le bord d'un puits très-profond
    Dormait, étendu de son long,
    Un enfant alors dans ses classes :
Tout est aux écoliers couchette et matelas.
    Un honnête homme en pareil cas
    Aurait fait un saut de vingt brasses.
    Près de là tout heureusement
La Fortune passa, l'éveilla doucement,
Lui disant : « Mon mignon, je vous sauve la vie ;
Soyez une autre fois plus sage, je vous prie.
Si vous fussiez tombé, l'on s'en fût pris à moi,
    Cependant c'était votre faute.
    Je vous demande en bonne foi,
    Si cette imprudence si haute
Provient de mon caprice. » Elle part à ces mots.

    Pour moi, j'approuve son propos.

Il n'arrive rien dans le monde
Qu'il ne faille qu'elle en réponde :
Nous la faisons de tous écots [1] ;
Elle est prise à garant de toutes aventures.
Est-on sot, étourdi, prend-on mal ses mesures ;
On pense en être quitte en accusant son sort :
Bref, la Fortune a toujours tort.

[1] L'écot est la quote-part à payer par chaque convive dans un repas pris à frais communs. *Faire quelqu'un de tous écots*, c'est mettre tout sur son compte, le rendre responsable de tout.

FABLE LVI

La Poule aux œufs d'or.

L'AVARICE perd tout en voulant tout gagner.
Je ne veux, pour le témoigner,
Que celui dont la poule, à ce que dit la fable,
Pondait tous les jours un œuf d'or.
Il crut que dans son corps elle avait un trésor ;
Il la tua, l'ouvrit, et la trouva semblable
A celles dont les œufs ne lui rapportaient rien,
S'étant lui-même ôté le plus beau de son bien.

Belle leçon pour les gens chiches [1] !
Pendant ces derniers temps, combien en a-t-on vus
Qui du soir au matin sont pauvres devenus
Pour vouloir trop tôt être riches !

[1] Avares, cupides.

FABLE LVII

L'Ane portant des Reliques.

Un baudet chargé de reliques
S'imagina qu'on l'adorait.
Dans ce penser il se carrait,
Recevant comme siens l'encens et les cantiques.

Quelqu'un vit l'erreur, et lui dit :
« Maître baudet, ôtez-vous de l'esprit
 Une vanité si folle.
 Ce n'est pas vous, c'est l'idole
 A qui cet honneur se rend,
 Et que la gloire en est due. »

D'un magistrat ignorant,
C'est la robe qu'on salue.

FABLE LVIII

Le Cerf et la Vigne.

Un cerf, à la faveur d'une vigne fort haute,
Et telle qu'on en voit en de certains climats [1],
S'étant mis à couvert et sauvé du trépas,
Les veneurs, pour ce coup, croyaient leurs chiens en faute.
Ils les rappellent donc. Le cerf, hors de danger,
Broute sa bienfaitrice [2] : ingratitude extrême !
On l'entend ; on retourne, on le fait déloger :
 Il vient mourir en ce lieu même.
« J'ai mérité, dit-il, ce juste châtiment ;
Profitez-en, ingrats. » Il tombe en ce moment.
La meute en fait curée [3] : il lui fut inutile
De pleurer aux veneurs [4] à sa mort arrivés.

Vraie image de ceux qui profanent l'asile
 Qui les a conservés.

[1] Par exemple en Italie.
[2] La vigne qui lui avait servi de retraite.
[3] C'est-à-dire que la meute déchire les entrailles du cerf.
[4] De s'adresser aux veneurs en cherchant à les apitoyer.

FABLE LIX

Le Serpent et la Lime.

On conte qu'un serpent, voisin d'un horloger
(C'était pour l'horloger un mauvais voisinage),
Entra dans sa boutique, et, cherchant à manger,

N'y rencontra pour tout potage
Qu'une lime d'acier qu'il se mit à ronger.
Cette lime lui dit, sans se mettre en colère :
« Pauvre ignorant ! eh ! que prétends-tu faire ?
　　Tu te prends à plus dur que toi,
　　Petit serpent à tête folle :
　　Plutôt que d'emporter de moi
　　Seulement le quart d'une obole,
　　Tu te rompras toutes les dents.
　　Je ne crains que celles du temps. »

Ceci s'adresse à vous, esprits du dernier ordre,
Qui, n'étant bons à rien, cherchez sur tout à mordre.
　　Vous vous tourmentez vainement.
Croyez-vous que vos dents impriment leurs outrages
　　Sur tant de beaux ouvrages ?
Ils sont pour vous d'airain, d'acier, de diamant.

FABLE LX

Le Lièvre et la Perdrix.

Il ne se faut jamais moquer des misérables :
Car qui peut s'assurer d'être toujours heureux [1] ?
　　Le sage Ésope, dans ses fables,
　　Nous en donne un exemple ou deux.
　　Celui qu'en ces vers je propose,
　　Et les siens, ce sont même chose.

Le lièvre et la perdrix, concitoyens d'un champ,
Vivaient dans un état, ce semble, assez tranquille.
　　Quand une meute s'approchant
Oblige le premier à chercher un asile :
Il s'enfuit dans son fort, met les chiens en défaut,
　　Sans même en excepter Briffaut.
　　Enfin il se trahit lui-même
Par les esprits sortants de son corps échauffé.
Miraut, sur leur odeur ayant philosophé [2],

[1] Et, eût-on l'assurance d'être toujours heureux, on n'en devrait pas moins respecter les misérables.
[2] Trait fort plaisant.

Conclut que c'est son lièvre, et d'une ardeur extrême,
Il le pousse ; et Rustaut³, qui n'a jamais menti,
  Dit que le lièvre est reparti.
Le pauvre malheureux vint mourir à son gîte.
    La perdrix le raille et lui dit :
    « Tu te vantais d'être si vite !
Qu'as-tu fait de tes pieds ? » Au moment qu'elle rit,
Son tour vient ; on la trouve. Elle croit que ses ailes
La sauront garantir à toute extrémité ;
    Mais la pauvrette avait compté
    Sans l'autour aux serres cruelles.

³ Brifaut, Miraut, Rustaut, noms de chiens de chasse.

FABLE LXI

L'Aigle et le Hibou.

L'AIGLE et le chat-huant leurs querelles cessèrent,
    Et firent tant qu'ils s'embrassèrent.
L'un jura foi de roi, l'autre foi de hibou,
Qu'ils ne se goberaient leurs petits peu ni prou :
« Connaissez-vous les miens ? dit l'oiseau de Minerve ¹
— Non, dit l'aigle. — Tant pis, reprit le triste oiseau :
    Je crains en ce cas pour leur peau ;
    C'est hasard si je les conserve.
Comme vous êtes roi, vous ne considérez
Qui ni quoi : rois et dieux mettent, quoi qu'on leur die,
    Tout en même catégorie.
Adieu mes nourrissons, si vous les rencontrez. —
Peignez-les-moi, dit l'aigle, ou bien me les montrez ;
    Je n'y toucherai de ma vie. »
Le hibou repartit : « Mes petits sont mignons,
Beaux, bien faits, et jolis sur tous leurs compagnons ;
Vous les reconnaîtrez sans peine à cette marque ;
N'allez pas l'oublier : retenez-la si bien
    Que chez moi la maudite Parque²

¹ Le hibou.
² Atropos, qui coupe le fil de la vie des hommes.

N'entre point par votre moyen. »
Il avint qu'au hibou Dieu donna géniture ;
De façon qu'un beau soir qu'il était en pâture,
   Notre aigle aperçut d'aventure,
   Dans les coins d'une roche dure,
   Ou dans les trous d'une masure
   (Je ne sais pas lequel des deux),
   De petits monstres fort hideux,
Rechignés, un air triste, une voix de mégère.
« Ces enfants ne sont pas, dit l'aigle, à notre ami :
Croquons-les. » Le galant n'en fit pas à demi.
Ses repas ne sont point repas à la légère.
Le hibou, de retour, ne trouve que les pieds
De ses chers nourrissons, hélas ! pour toute chose.
Il se plaint ; et les dieux sont par lui suppliés
De punir le brigand qui de son deuil est cause.
Quelqu'un lui dit alors : « N'en accuse que toi,
   Ou plutôt la commune loi
   Qui veut qu'on trouve son semblable
   Beau, bien fait, et sur tous aimable.
Tu fis de tes enfants à l'aigle ce portrait :
   En avaient-ils le moindre trait ? »

FABLE LXII

L'Ours et les deux Compagnons.

   Deux compagnons, pressés d'argent,
   A leur voisin fourreur vendirent
   La peau d'un ours encor vivant,
Mais qu'ils tueraient bientôt ; du moins à ce qu'ils dirent.
C'était le roi des ours au compte de ces gens.
Le marchand à sa peau devait faire fortune ;
Elle garantirait des froids les plus cuisants ;
On en pourrait fourrer plutôt deux robes qu'une
Dindenaut[1] prisait moins ses moutons qu'eux leur ours :
Leur à leur compte, et non à celui de la bête.

[1] Personnage de Rabelais, marchand charlatan et voleur à qui Panurge joua un tour fort comique.

S'offrant de la livrer au plus tard dans deux jours,
Ils conviennent de prix et se mettent en quête ²,
Trouvent l'ours qui s'avance et vient vers eux au trot.
Voilà mes gens frappés comme d'un coup de foudre.
Le marché ne tint pas, il fallut le résoudre ³ :
D'intérêts contre l'ours, on n'en dit pas un mot.
L'un des deux compagnons grimpe au faîte d'un arbre;
    L'autre, plus froid que n'est un marbre,
Se couche sur le nez, fait le mort, tient son vent,
    Ayant quelque part ouï dire
    Que l'ours s'acharne peu souvent
Sur un corps qui ne vit, ne meut ni ne respire.
Seigneur ours, comme un sot, donna dans ce panneau :
Il voit ce corps gisant, le croit privé de vie ;
    Et, de peur de supercherie,
Le tourne, le retourne, approche son museau,
    Flaire aux passages de l'haleine.
« C'est, dit-il, un cadavre ; ôtons-nous, car il sent. »
A ces mots, l'ours s'en va dans la forêt prochaine.
L'un de nos deux marchands de son arbre descend,
Court à son compagnon, lui dit que c'est merveille
Qu'il n'ait eu seulement que la peur pour tout mal.
« Eh bien ! ajouta-t-il, la peau de l'animal ?
    Mais que t'a-t-il dit à l'oreille ?
    Car il t'approchait de bien près,
    Te retournant avec sa serre. —
    Il m'a dit qu'il ne faut jamais
Vendre la peau de l'ours qu'on ne l'ait mis par terre. »

² *Se mettre en quête*, dans le langage de la vénerie, signifie chercher la bête.

³ Le rompre, le résilier.

FABLE LXIII

L'Ane vêtu de la peau du Lion.

De la peau du lion l'âne s'étant vêtu,
    Était craint partout à la ronde ;
    Et, bien qu'animal sans vertu,

Il faisait trembler tout le monde.
Un petit bout d'oreille échappé par malheur
Découvrit la fourbe et l'erreur :
Martin [1] fit alors son office.
Ceux qui ne savaient pas la ruse et la malice
S'étonnaient de voir que Martin
Chassât les lions au moulin.

Force gens font du bruit en France
Par qui cet apologue est rendu familier.
Un équipage cavalier
Fait les trois quarts de leur vaillance.

[1] Voir fable XXXII, note 2.

FABLE LXIV

Le Lion et le Chasseur.

Un fanfaron, amateur de la chasse,
Venant de perdre un chien de bonne race
Qu'il soupçonnait dans le corps d'un lion,
Vit un berger : « Enseigne-moi, de grâce,
De mon voleur, lui dit-il, la maison ;
Que de ce pas je me fasse raison. »
Le berger dit : « C'est vers cette montagne.
En lui payant de tribut un mouton
Par chaque mois, j'erre dans la campagne
Comme il me plaît, et je suis en repos. »
Dans le moment qu'il tenait ces propos,
Le lion sort, et vient d'un pas agile.
Le fanfaron aussitôt d'esquiver :
« O Jupiter, montre-moi quelque asile,
S'écria-t-il, qui me puisse sauver ! »

La vraie épreuve du courage
N'est que dans le danger que l'on touche du doigt :
Tel le cherchait, dit-il, qui, changeant de langage,
S'enfuit aussitôt qu'il le voit.

FABLE LXV

Phébus et Borée.

Borée[1] et le Soleil virent un voyageur
    Qui s'était muni par bonheur
Contre le mauvais temps. On entrait dans l'automne,
Quand la précaution aux voyageurs est bonne :
Il pleut, le soleil luit ; et l'écharpe d'Iris[2]
    Rend ceux qui sortent avertis
Qu'en ces mois le manteau leur est fort nécessaire :
Les Latins les nommaient douteux, pour cette affaire.
Notre homme s'était donc à la pluie attendu :
Bon manteau bien doublé, bonne étoffe bien forte.
« Celui-ci, dit le Vent, prétend avoir pourvu
A tous les accidents ; mais il n'a pas prévu
    Que je saurai souffler de sorte
Qu'il n'est bouton qui tienne : il faudra, si je veux,
    Que le manteau s'en aille au diable,
L'ébattement pourrait nous en être agréable :
Vous plaît-il de l'avoir ? — Eh bien ! gageons nous deux...
    Dit Phébus, sans tant de paroles,
A qui plus tôt aura dégarni les épaules
    Du cavalier que nous voyons.
Commencez : je vous laisse obscurcir mes rayons. »
Il n'en fallut pas plus : notre souffleur à gage
Se gorge de vapeurs, s'enfle comme un ballon,
    Fait un vacarme de démon,
Siffle, souffle, tempête, et brise en son passage
Maint toit qui n'en peut mais, fait périr maint bateau ;
    Le tout au sujet d'un manteau.
Le cavalier eut soin d'empêcher que l'orage
    Ne se pût engouffrer dedans.
Cela le préserva. Le Vent perdit son temps,
Plus il se tourmentait, plus l'autre tenait ferme :

[1] Le vent du nord.
[2] L'arc-en-ciel.

Il eut beau faire agir le collet et les plis.
    Sitôt qu'il fut au bout du terme
    Qu'à la gageure on avait mis,
    Le Soleil dissipe la nue.
Récrée et puis pénètre enfin le cavalier,
    Sous son balandras [1] fait qu'il sue,
    Le contraint de s'en dépouiller :
Encore n'usa-t-il pas de toute sa puissance.

    Plus fait douceur que violence.

[1] Ancien nom d'un manteau de voyage qui s'appelai aussi *balandran*.

FABLE LXVI

Le Cochet [1], le Chat et le Souriceau

Un souriceau tout jeune, et qui n'avait rien vu,
    Fut presque pris au dépourvu.
Voici comme il conta l'aventure à sa mère :
« J'avais franchi les monts qui bornent cet État,
    Et trottais comme un jeune rat
    Qui cherche à se donner carrière,
Lorsque deux animaux m'ont arrêté les yeux :
    L'un doux, bénin et gracieux,
Et l'autre turbulent et plein d'inquiétude;
    Il a la voix perçante et rude,
    Sur la tête un morceau de chair,
Une sorte de bras dont il s'élève en l'air
    Comme pour prendre sa volée,
    La queue en panache étalée. »
Or, c'était un cochet dont notre souriceau
    Fit à sa mère le tableau
Comme d'un animal venu de l'Amérique.
« Il se battait, dit-il, les flancs avec ses bras,
    Faisant tel bruit et tel fracas,

[1] Jeune coq.

Que moi, qui grâce aux dieux de courage me pique,
 En ai pris la fuite de peur,
 Le maudissant de très-bon cœur.
 Sans lui j'aurais fait connaissance
Avec cet animal qui m'a semblé si doux :
 Il est velouté comme nous,
Marqueté, longue queue, une humble contenance,
Un modeste regard, et pourtant l'œil luisant.
 Je le crois fort sympathisant
Avec messieurs les rats ; car il a des oreilles
 En figure aux nôtres pareilles.
Je l'allais aborder, quand d'un son plein d'éclat
 L'autre m'a fait prendre la fuite. —
Mon fils, dit la souris, ce doucet est un chat
 Qui, sous son minois hypocrite,
 Contre toute ta parenté
 D'un malin vouloir est porté.
 L'autre animal, tout au contraire,
 Bien éloigné de nous mal faire ²,
Servira quelque jour peut-être à nos repas.
Quant au chat, c'est sur nous qu'il fonde sa cuisine.
 Garde-toi, tant que tu vivras,
 De juger des gens sur la mine. »

² En prose on dirait : de nous faire du mal.

FABLE LXVII

Le Vieillard et l'Ane.

Un vieillard sur son âne aperçut en passant
 Un pré plein d'herbe et fleurissant ;
Il y lâche sa bête, et le grison se rue
 Au travers de l'herbe menue,
 Se vautrant, grattant et frottant,
 Gambadant, chantant et broutant,
 Et faisant mainte place nette.
 L'ennemi vient sur l'entrefaite.
 « Fuyons, dit alors le vieillard.

— Pourquoi? répondit le paillard [1];
Me fera-t-on porter double bât, double charge?
— Non pas, dit le vieillard, qui prit d'abord le large.
— Et que m'importe donc, dit l'âne, à qui je sois?
    Sauvez-vous, et me laissez paître.
    Notre ennemi, c'est notre maître :
    Je vous le dis en bon françois. »

[1] Qui couche sur la paille, mauvais sujet.

FABLE LXVIII

Le Cerf se voyant dans l'eau

    Dans le cristal d'une fontaine
    Un cerf se mirant autrefois
    Louait la beauté de son bois [1],
    Et ne pouvait qu'avecque peine
    Souffrir ses jambes de fuseaux [2],
Dont il voyait l'objet se perdre dans les eaux.
« Quelle proportion de mes pieds à ma tête!
Disait-il en voyant leur ombre avec douleur :
Des taillis les plus hauts mon front atteint le faîte.
    Mes pieds ne me font point d'honneur. »
    Tout en parlant de la sorte,
    Un limier le fait partir,
    Il tâche à se garantir;
    Dans les forêts il s'emporte :
    Son bois, dommageable ornement,
    L'arrêtant à chaque moment,
    Nuit à l'office que lui rendent
    Ses pieds de qui ses jours dépendent.
Il se dédit alors, et maudit les présents
    Que le ciel lui fait tous les ans.

Nous faisons cas du beau, nous méprisons l'utile;
    Et le beau souvent nous détruit.
Le cerf blâme ses pieds qui le rendent agile,
    Il estime un bois qui lui nuit.

[1] L'ensemble des cornes du cerf s'appelle bois
[2] Jambes longues et minces.

FABLE LXIX

Le Lièvre et la Tortue.

Rien ne sert de courir : il faut partir à point.
Le lièvre et la tortue en sont un témoignage.
« Gageons, dit celle-ci, que vous n'atteindrez point [1]
Sitôt que moi ce but. — Sitôt ! êtes-vous sage ?
    Repartit l'animal léger :
    Ma commère, il vous faut purger
    Avec quatre grains d'élébore.
    — Sage ou non, je parie encore. »
    Ainsi fut fait ; et de tous deux
    On mit près du but les enjeux.
    Savoir quoi, ce n'est pas l'affaire
    Ni de quel juge l'on convint.
Notre lièvre n'avait que quatre pas à faire ;
J'entends de ceux qu'il fait lorsque, près d'être atteint,
Il s'éloigne des chiens, les renvoie aux calendes [2],
    Et leur fait arpenter les landes.
Ayant, dis-je, du temps de reste pour brouter,
    Pour dormir, et pour écouter
   D'où vient le vent, il laisse la tortue
    Aller son train de sénateur.
    Elle part, elle s'évertue ;
    Elle se hâte avec lenteur.
Lui cependant méprise une telle victoire,
    Tient la gageure à peu de gloire,
    Croit qu'il y va de son honneur
De partir tard. Il broute, il se repose ;
    Il s'amuse à toute autre chose
   Qu'à la gageure. A la fin, quand il vit
Que l'autre touchait presque au bout de la carrière,

---

[1] Juste à temps.

[2] Sous-entendu : grecques. *Renvoyer quelqu'un aux calendes grecques*, c'est le renvoyer à un temps indéfini, qui n'arrivera jamais, attendu que les Grecs n'avaient point de calendes.

Il partit comme un trait; mais les élans qu'il fit
Furent vains : la tortue arriva la première.
« Eh bien ! lui cria-t-elle, avais-je pas raison ?
    De quoi vous sert votre vitesse ?
    Moi l'emporter ! et que serait-ce
    Si vous portiez une maison ? »

FABLE LXX

Le Soleil et les Grenouilles.

Aux noces d'un tyran tout le peuple en liesse [1]
    Noyait son souci dans les pots.
Ésope seul trouvait que les gens étaient sots
    De témoigner tant d'allégresse.
Le Soleil, disait-il, eut dessein autrefois
    De songer à l'hyménée.
Aussitôt on ouït, d'une commune voix,
    Se plaindre de leur destinée
    Les citoyennes des étangs.
« Que ferons-nous, s'il lui vient des enfants ?
Dirent-elles au Sort : un seul Soleil à peine
    Se peut souffrir; une demi-douzaine
Mettra la mer à sec et tous ses habitants.
Adieu joncs et marais : notre race est détruite;
    Bientôt on la verra réduite
A l'eau du Styx [2]. » Pour un pauvre animal,
Grenouilles, à mon sens, ne raisonnaient pas mal.

[1] En joie.
[2] Fleuve des enfers.

FABLE LXXI

Le Villageois et le Serpent.

Ésope conte qu'un manant,
    Charitable autant que peu sage,

  Un jour d'hiver se promenant
  A l'entour de son héritage,
Aperçut un serpent sur la neige étendu,
Transi, gelé, perclus, immobile, rendu,
  N'ayant pas à vivre un quart d'heure.
Le villageois le prend, l'emporte en sa demeure ;
Et, sans considérer quel sera le loyer
   D'une action de ce mérite,
  Il l'étend le long du foyer,
  Le réchauffe, le ressuscite.
L'animal engourdi sent à peine le chaud,
Que l'âme lui revient avecque la colère.
Il lève un peu la tête, et puis siffle aussitôt,
Puis fait un long repli, puis tâche à faire un saut
Contre son bienfaiteur, son sauveur et son père.
« Ingrat, dit le manant, voilà donc mon salaire !
Tu mourras ! » A ces mots, plein d'un juste courroux,
Il vous prend sa cognée, il vous tranche la bête ;
  Il fait trois serpents de deux coups,
  Un tronçon, la queue et la tête.
L'insecte [1], sautillant, cherche à se réunir ;
  Mais il ne put y parvenir.

  Il est bon d'être charitable ;
  Mais envers qui? c'est là le point.
  Quant aux ingrats, il n'en est point
  Qui ne meure enfin misérable.

[1] Expression inexacte.

FABLE LXXII

Le Lion malade et le Renard.

De par le roi des animaux [1],
Qui dans son antre était malade,
Fut fait savoir à ses vassaux
Que chaque espèce en ambassade

[1] Imitation comique du protocole des édits royaux.

Envoyât gens le visiter ;
Sous promesse de bien traiter
Les députés, eux et leur suite,
Foi de lion, très-bien écrite :
Bon passe-port contre la dent,
Contre la griffe tout autant.
L'édit du prince s'exécute :
De chaque espèce on lui députe.
Les renards gardant la maison,
Un d'eux en dit cette raison :
« Les pas empreints sur la poussière
Par ceux qui s'en vont faire au malade leur cour,
Tous, sans exception, regardent sa tanière ;
Pas un ne marque de retour.
Cela nous met en méfiance.
Que Sa Majesté nous dispense :
Grand merci de son passe-port.
Je le crois bon ; mais dans cet antre
Je vois fort bien comme l'on entre,
Et ne vois pas comme on en sort. »

FABLE LXXIII

Le Chartier embourbé.

Le Phaéton[1] d'une voiture à foin
Vit son char embourbé. Le pauvre homme était loin
De tout humain secours : c'était à la campagne,
Près d'un certain canton de la basse Bretagne,
Appelé Quimper-Corentin.
On sait assez que le Destin
Adresse là les gens quand il veut qu'on enrage.
Dieu nous préserve du voyage !
Pour venir au chartier embourbé dans ces lieux,
Le voilà qui déteste et jure de son mieux,
Pestant, en sa fureur extrême,

---

[1] Fils du Soleil, qui, suivant la Fable, obtint de conduire un our le char de son père.

Tantôt contre les trous, puis contre ses chevaux,
    Contre son char, contre lui-même.
Il invoque à la fin le dieu dont les travaux
    Sont si célèbres dans le monde :
« Hercule, lui dit-il, aide-moi ; si ton dos
    A porté la machine ronde,
    Ton bras peut me tirer d'ici. »
Sa prière étant faite, il entend dans la nue
    Une voix qui lui parle ainsi :
    « Hercule veut qu'on se remue ;
Puis il aide les gens. Regarde d'où provient
    L'achoppement qui te retient ;
    Ote d'autour de chaque roue
Ce malheureux mortier, cette maudite boue
    Qui jusqu'à l'essieu les enduit ;
Prends ton pic, et me romps ce caillou qui te nuit ;
Comble-moi cette ornière. As-tu fait ? — Oui, dit l'homme.
Or bien je vas t'aider, dit la voix : prends ton fouet. —
Je l'ai pris... Qu'est ceci ? mon char marche à souhait !
Hercule en soit loué ! » Lors la voix : Tu vois comme
Tes chevaux aisément se sont tirés de là.
    Aide-toi, le ciel t'aidera. »

FABLE LXXIV

Les Animaux malades de la peste.

    Un mal qui répand la terreur,
    Mal que le ciel en sa fureur
Inventa pour punir les crimes de la terre,
La peste (puisqu'il faut l'appeler par son nom),
Capable d'enrichir en un jour l'Achéron,
    Faisait aux animaux la guerre.
Ils ne mouraient pas tous, mais tous étaient frappés.
    On n'en voyait pas d'occupés
A chercher le soutien d'une mourante vie ;
    Nul mets n'excitait leur envie ;
    Ni loups ni renards n'épiaient

La douce et l'innocente proie ;
Les tourterelles se fuyaient :
Plus d'amour, partant plus de joie.
Le lion tint conseil, et dit : « Mes chers amis,
Je crois que le ciel a permis
Pour nos péchés cette infortune :
Que le plus coupable de nous
Se sacrifie aux traits du céleste courroux ;
Peut-être il obtiendra la guérison commune.
L'histoire nous apprend qu'en de tels accidents
On fait de pareils dévouements.
Ne nous flattons donc point ; voyons sans indulgence
L'état de notre conscience.
Pour moi, satisfaisant mes appétits gloutons,
J'ai dévoré force moutons.
Que m'avaient-ils fait ? nulle offense ;
Même il m'est arrivé quelquefois de manger
Le berger.
Je me dévouerai donc, s'il le faut : mais je pense
Qu'il est bon que chacun s'accuse ainsi que moi ;
Car on doit souhaiter, selon toute justice,
Que le plus coupable périsse. —
Sire, dit le renard, vous êtes trop bon roi ;
Vos scrupules font voir trop de délicatesse.
Eh bien ! manger moutons, canaille, sotte espèce,
Est-ce un péché ? non, non : vous leur fîtes, seigneur,
En les croquant, beaucoup d'honneur.
Et quant au berger, l'on peut dire
Qu'il était digne de tous maux,
Étant de ces gens-là qui sur les animaux
Se font un chimérique empire. »
Ainsi dit le renard, et flatteurs d'applaudir.
On n'osa trop approfondir
Du tigre, ni de l'ours, ni des autres puissances,
Les moins pardonnables offenses :
Tous les gens querelleurs, jusqu'aux simples mâtins,
Au dire de chacun, étaient de petits saints.
L'âne vint à son tour, et dit : « J'ai souvenance
Qu'en un pré de moines passant,
La faim, l'occasion, l'herbe tendre, et, je pense,
Quelque diable aussi me poussant,
Je tondis de ce pré la largeur de ma langue :

Je n'en avais nul droit, puisqu'il faut parler net. »
A ces mots, on cria haro sur le baudet.
Un loup, quelque peu clerc[1], prouva par sa harangue
Qu'il fallait dévouer ce maudit animal,
Ce pelé, ce galeux, d'où venait tout leur mal.
Sa peccadille fut jugée un cas pendable.
Manger l'herbe d'autrui! quel crime abominable!
      Rien que la mort n'était capable
D'expier son forfait. On le lui fit bien voir.

Selon que vous serez puissant ou misérable,
Les jugements de cour vous rendront blanc ou noir.

[1] Lettré, savant.

FABLE LXXV

Le rat qui s'est retiré du monde.

Les Levantins[1] en leur légende[2]
Disent qu'un certain rat, las des soins d'ici-bas,
   Dans un fromage de Hollande
   Se retira loin du tracas.
   La solitude était profonde,
   S'étendant partout à la ronde.
Notre ermite nouveau subsistait là dedans.
   Il fit tant, de pieds et de dents,
Qu'en peu de jours il eut au fond de l'ermitage
Le vivre et le couvert : que faut-il davantage?
Il devint gros et gras : Dieu prodigue ses biens
   A ceux qui font vœu d'être siens.
   Un jour, au dévot personnage
   Des députés du peuple rat
S'en vinrent demander quelque aumône légère :
   Ils allaient en terre étrangère
Chercher quelque secours contre le peuple chat;

[1] Les peuples du Levant, les Orientaux.
[2] Dans leurs récits, dans leurs histoires.

Ratopolis³ était bloquée :
On les avait contraints de partir sans argent,
    Attendu l'état indigent
    De la république attaquée.
Ils demandaient fort peu, certains que le secours
    Serait prêt dans quatre ou cinq jours.
    « Mes amis, dit le solitaire,
Les choses d'ici-bas ne me regardent plus :
    En quoi peut un pauvre reclus
    Vous assister? que peut-il faire,
Que de prier le ciel qu'il vous aide en ceci?
J'espère qu'il aura de vous quelque souci. »
    Ayant parlé de cette sorte,
    Le nouveau saint ferma sa porte.

³ La ville des rats.

FABLE LXXVI

Le Héron.

Un jour sur ses longs pieds allait, je ne sais où
Le héron au long bec emmanché d'un long cou
    Il côtoyait une rivière.
L'onde était transparente ainsi qu'aux plus beaux jours;
Ma commère la carpe y faisait mille tours
    Avec le brochet son compère.
Le héron en eût fait aisément son profit :
Tous approchaient du bord, l'oiseau n'avait qu'à prendre.
    Mais il crut mieux faire d'attendre
    Qu'il eût un peu plus d'appétit :
Il vivait de régime, et mangeait à ses heures.
Après quelques moments l'appétit vint : l'oiseau,
    S'approchant du bord, vit sur l'eau
Des tanches qui sortaient du fond de ces demeures.
Le mets ne lui plut pas; il s'attendait à mieux,
    Et montrait un goût dédaigneux

Comme le rat du bon Horace[1] :
« Moi, des tanches ! dit-il ; moi, héron, que je fasse
Une si pauvre chère ! Et pour qui me prend-on ? »
La tanche rebutée, il trouva du goujon.
« Du goujon ! c'est bien là le dîner d'un héron !
J'ouvrirais pour si peu le bec ! aux dieux ne plaise ! »
Il l'ouvrit pour bien moins : tout alla de façon
    Qu'il ne vit plus aucun poisson.
La faim le prit : il fut tout heureux et tout aise
    De rencontrer un limaçon.

    Ne soyons pas si difficiles :
Les plus accommodants, ce sont les plus habiles ;
On hasarde de perdre en voulant trop gagner.
    Gardez-vous de rien dédaigner.

[1] Le rat de ville, qui goûtait d'un air dédaigneux tout ce que lui présentait le rat des champs.

FABLE LXXVII

Le Coche et la Mouche

Dans un chemin montant, sablonneux, malaisé,
Et de tous les côtés au soleil exposé,
    Six forts chevaux tiraient un coche.
Femmes, moine, vieillard, tout était descendu :
L'attelage suait, soufflait, était rendu.
Une mouche survient, et des chevaux s'approche,
Prétend les animer par son bourdonnement,
Pique l'un, pique l'autre, et pense à tout moment
    Qu'elle fait aller la machine,
S'assied sur le timon, sur le nez du cocher.
    Aussitôt que le char chemine
    Et qu'elle voit les gens marcher,
Elle s'en attribue uniquement la gloire,
Va, vient, fait l'empressée : il semble que ce soit
Un sergent de bataille allant en chaque endroit
Faire avancer ses gens et hâter la victoire.

La mouche, en ce commun besoin,
Se plaint qu'elle agit seule et qu'elle a tout le soin[1],
Qu'aucun n'aide aux chevaux à se tirer d'affaire.
Le moine disait son bréviaire :
Il prenait bien son temps ! une femme chantait :
C'était bien de chansons qu'alors il s'agissait !
Dame mouche s'en va chanter à leurs oreilles,
Et fait cent sottises pareilles.
Après bien du travail, le coche arrive au haut.
« Respirons maintenant, dit la mouche aussitôt ;
J'ai tant fait que nos gens sont enfin dans la plaine.
Ça, messieurs les chevaux, payez-moi de ma peine. »

Ainsi certaines gens, faisant les empressées,
S'introduisent dans les affaires :
Ils font partout les nécessaires,
Et, partout importuns, devraient être chassés.

[1] L'embarras, le travail.

FABLE LXXVIII

La Laitière et le Pot au lait.

PERRETTE, sur sa tête ayant un pot au lait
Bien posé sur un coussinet,
Prétendait arriver sans encombre[1] à la ville.
Légère et court vêtue, elle allait à grands pas,
Ayant mis ce jour-là, pour être plus agile,
Cotillon simple et souliers plats.
Notre laitière ainsi troussée
Comptait déjà dans sa pensée
Tout le prix de son lait ; en employait l'argent ;
Achetait un cent d'œufs ; faisait triple couvée :
La chose allait à bien par son soin diligent.
« Il m'est, disait-elle, facile
D'élever des poulets autour de ma maison ;
Le renard sera bien habile
S'il ne m'en laisse assez pour avoir un cochon.

[1] Sans obstacle, sans difficulté.

Le porc à s'engraisser coûtera peu de son ;
Il était, quand je l'eus, [2] de grosseur raisonnable ;
J'aurai, le revendant, de l'argent bel et bon.
Et qui m'empêchera de mettre en notre étable,
Vu le prix dont il est, une vache et son veau,
Que je verrai sauter au milieu du troupeau ? »
Perrette là-dessus saute aussi, transportée.
Le lait tombe : adieu veau, vache, cochon, couvée.
La dame de ces biens, quittant d'un œil marri [3]
    Sa fortune ainsi répandue,
    Va s'excuser à son mari,
    En grand danger d'être battue.
    Le récit en farce en fut fait :
    On l'appela le Pot au lait.

    Quel esprit ne bat la campagne ?
    Qui ne fait châteaux en Espagne [4] ?
Quand je suis seul, je fais au plus brave un défi,
Je m'écarte, je vais détrôner le Sophi [5] ;
    On m'élit roi, mon peuple m'aime ;
Les diadèmes vont sur ma tête pleuvant :
Quelque accident fait-il que je rentre en moi-même ?
    Je suis Gros-Jean comme devant [6].

[2] Perrette croit déjà voir son cochon gros et gras.
[3] Affligé.
[4] Des projets imaginaires.
[5] Le roi de Perse.
[6] Un homme de rien.

FABLE LXXIX

Le Chat, la Belette et le petit Lapin.

    Du palais d'un jeune lapin
    Dame belette, un beau matin,
    S'empara : c'est une rusée.
Le maître étant absent, ce lui fut chose aisée
Elle porta chez lui ses pénates [1], un jour

[1] Sa demeure.

Qu'il était allé faire à l'aurore sa cour
    Parmi le thym et la rosée.
Après qu'il eut brouté, trotté, fait tous ses tours,
Jeannot lapin retourne aux souterrains séjours.
La belette avait mis le nez à la fenêtre.
« O dieux hospitaliers ! que vois-je ici paraître ?
Dit l'animal chassé du paternel logis.
    Holà ! madame la belette,
    Que l'on déloge sans trompette [2],
Ou je vais avertir tous les rats [3] du pays. »
La dame au nez pointu répondit que la terre
    Était au premier occupant.
    C'était un beau sujet de guerre,
Qu'un logis où lui-même il n'entrait qu'en rampant.
    « Et quand ce serait un royaume,
Je voudrais bien savoir, dit-elle, quelle loi
    En a pour toujours fait l'octroi
A Jean, fils ou neveu de Pierre ou de Guillaume,
    Plutôt qu'à Paul, plutôt qu'à moi. »
Jean Lapin allégua la coutume et l'usage :
« Ce sont, dit-il, leurs lois qui m'ont de ce logis
Rendu maître et seigneur, et qui, de père en fils,
L'ont de Pierre à Simon, puis à moi Jean, transmis.
Le premier occupant, est-ce une loi plus sage ?
    — Or bien, sans crier davantage,
Rapportons-nous, dit-elle, à Raminagrobis [4]. »
C'était un chat vivant comme un dévot ermite,
    Un chat faisant la chattemite [5],
Un saint homme de chat, bien fourré, gros et gras,
    Arbitre expert sur tous les cas.
    Jean lapin pour juge l'agrée.
    Les voilà tous deux arrivés
    Devant Sa Majesté fourrée.
Grippeminaud leur dit : « Mes amis, approchez,
Approchez ; je suis sourd, les ans en sont la cause. »
L'un et l'autre approcha, ne craignant nulle chose.

[2] Sans faire de bruit.

[3] Les rats sont les ennemis naturels des belettes.

[4] Rapportons-nous-en. — Raminagrobis est le nom d'un vieux poëte chez Rabelais.

[5] La chatte doucereuse.

Aussitôt qu'à portée il vit les contestants,
    Grippeminaud le bon apôtre,
Jetant des deux côtés la griffe en même temps,
Mit les plaideurs d'accord en croquant l'un et l'autre.

Ceci ressemble fort aux débats qu'ont parfois
Les petits souverains se rapportant aux rois.

FABLE LXXX
La Mort et le Mourant.

    La mort ne surprend point le sage ;
      Il est toujours prêt à partir,
      S'étant su lui-même avertir
Du temps où l'on se doit résoudre à ce passage.
   Ce temps, hélas ! embrasse tous les temps :
Qu'on le partage en jours, en heures, en moments,
    Il n'en est point qu'il ne comprenne
Dans le fatal tribut ; tous sont de son domaine ;
Et le premier instant où les enfants des rois
     Ouvrent les yeux à la lumière
     Est celui qui vient quelquefois
     Fermer pour toujours leur paupière.
    Défendez-vous par la grandeur ;
Alléguez la beauté, la vertu, la jeunesse ;
    La mort ravit tout sans pudeur :
Un jour le monde entier accroîtra sa richesse.
    Il n'est rien de moins ignoré ;
    Et, puisqu'il faut que je le die [1],
    Rien où l'on soit moins préparé.

Un mourant, qui comptait plus de cent ans de vie,
Se plaignait à la Mort que précipitamment
Elle le contraignait de partir tout à l'heure,
    Sans qu'il eût fait son testament,
Sans l'avertir au moins. « Est-il juste qu'on meure
Au pied levé ? dit-il : attendez quelque peu ;
Ma femme ne veut pas que je parte sans elle ;
Il me reste à pourvoir un arrière-neveu ;
Souffrez qu'à mon logis j'ajoute encore une aile.

[1] Vieille forme pour : dise.

Que vous êtes pressante, ô déesse cruelle ! —
Vieillard, lui dit la Mort, je ne t'ai point surpris ;
Tu te plains sans raison de mon impatience :
Eh ? n'as-tu pas cent ans ? Trouve-moi dans Paris
Deux mortels aussi vieux ; trouve-m'en dix en France.
Je devais, ce dis-tu, te donner quelque avis
      Qui te disposât à la chose :
  J'aurais trouvé ton testament tout fait,
Ton petit-fils pourvu, ton bâtiment parfait [2].
Ne te donna-t-on pas des avis, quand la cause
      Du marcher et du mouvement,
      Quand les esprits, le sentiment,
Quand tout faillit en toi ? Plus de goût, plus d'ouïe;
Toute chose pour toi semble être évanouie ;
Pour toi l'astre du jour prend des soins superflus :
Tu regrettes des biens qui ne te touchent plus.
      Je t'ai fait voir tes camarades,
      Ou morts, ou mourants, ou malades :
Qu'est-ce que tout cela, qu'un avertissement ?
      Allons, vieillard, et sans réplique,
      Il n'importe à la république
      Que tu fasses ton testament. »

La Mort avait raison ; je voudrais qu'à cet âge
On sortît de la vie ainsi que d'un banquet,
Remerciant son hôte, et qu'on fît son paquet :
Car de combien peut-on retarder le voyage ?
Tu murmures, vieillard ! Vois ces jeunes mourir,
      Vois-les marcher, vois-les courir
A des morts, il est vrai, glorieuses et belles,
Mais sûres cependant, et quelquefois cruelles.
J'ai beau te le crier : mon zèle est indiscret :
Le plus semblable aux morts meurt le plus à regret

[2] Complétement achevé.

FABLE LXXXI

Le Savetier et le Financier.

Un savetier chantait du matin jusqu'au soir :
      C'était merveilles de le voir,

Merveilles de l'ouïr ; il faisait des passages [1],
    Plus content qu'aucun des sept Sages [2].
Son voisin, au contraire, était tout cousu d'or,
    Chantait peu, dormait moins encor :
    C'était un homme de finance.
Si sur le point du jour parfois il sommeillait,
Le savetier alors en chantant l'éveillait ;
    Et le financier se plaignait
    Que les soins de la Providence
N'eussent pas au marché fait vendre le dormir,
    Comme le manger et le boire.
    En son hôtel il fait venir
Le chanteur, et lui dit : « Or çà, sire Grégoire,
Que gagnez-vous par an ? — Par an ! ma foi, monsieur,
    Dit avec un ton de rieur
Le gaillard savetier, ce n'est point ma manière
De compter de la sorte ; et je n'entasse guère
   Un jour sur l'autre : il suffit qu'à la fin
    J'attrape le bout de l'année.
    Chaque jour amène son pain. —
Eh bien ! que gagnez-vous, dites-moi, par journée ? —
Tantôt plus, tantôt moins ; le mal est que toujours
(Et sans cela nos gains seraient assez honnêtes),
Le mal est que dans l'an s'entremêlent des jours
   Qu'il faut chômer ; on nous ruine en fêtes ;
L'une fait tort à l'autre ; et monsieur le curé
De quelque nouveau saint charge toujours son prône. »
Le financier, riant de sa naïveté,
Lui dit : « Je vous veux mettre aujourd'hui sur le trône.
Prenez ces cent écus ; gardez-les avec soin,
    Pour vous en servir au besoin. »
Le savetier crut voir tout l'argent que la terre
    Avait, depuis plus de cent ans,
    Produit pour l'usage des gens.
Il retourne chez lui ; dans sa cave il enserre
    L'argent, et sa joie à la fois.
    Plus de chant : il perdit la voix
Du moment qu'il gagna ce qui cause nos peines [3].

---

[1] Des fredons, des roulements de voix.
[2] Thalès, Solon, Chilon, Pittacus, Bias, Cléobule et Périandre.
[3] L'argent.

Le sommeil quitta son logis;
Il eut pour hôtes les soucis,
Les soupçons, les alarmes vaines.
Tout le jour il avait l'œil au guet ; et la nuit,
Si quelque chat faisait du bruit,
Le chat prenait l'argent. A la fin le pauvre homme
S'en courut chez celui qu'il ne réveillait plus :
« Rendez-moi, lui dit-il, mes chansons et mon somme,
Et reprenez vos cent écus. »

FABLE LXXXII

Le Lion, le Loup et le Renard.

Un lion décrépit, goutteux, n'en pouvant plus,
Voulait que l'on trouvât remède à la vieillesse.
Alléguer l'impossible aux rois, c'est un abus [1].
    Celui-ci parmi chaque espèce
Manda des médecins : il en est de tous arts.
Médecins au lion viennent de toutes parts ;
De tous côtés lui vient les donneurs de recettes
    Dans les visites qui sont faites,
Le renard se dispense, et se tient clos et coi [2].
Le loup en fait sa cour, daube, au coucher du roi,
Son camarade absent. Le prince tout à l'heure
Veut qu'on aille enfumer renard dans sa demeure,
Qu'on le fasse venir. Il vient, est présenté :
Et, sachant que le loup lui faisait cette affaire :
« Je crains, sire, dit-il, qu'un rapport peu sincère
    Ne m'ait à mépris imputé
    D'avoir différé cet hommage;
    Mais j'étais en pèlerinage,
Et m'acquittais d'un vœu fait pour votre santé.
    Même j'ai vu dans mon voyage
Gens experts et savants ; leur ai dit la langueur
Dont Votre Majesté craint à bon droit la suite.
    Vous ne manquez que de chaleur :
    Le long âge en vous l'a détruite.

[1] Une erreur.
[2] Tranquille.

D'un loup écorché vif appliquez-vous la peau
　　Toute chaude et toute fumante :
　　Le secret sans doute [3] en est beau
　　Pour la nature défaillante.
　　Messire loup vous servira,
　　S'il vous plaît, de robe de chambre.
　　Le roi goûte cet avis-là :
　　On écorche, on taille, on démembre
Messire loup. Le monarque en soupa,
　　Et de sa peau s'enveloppa.

Messieurs les courtisans, cessez de vous détruire ;
Faites, si vous pouvez, votre cour sans vous nuire :
Le mal se rend chez vous au quadruple du bien.
Les daubeurs ont leur tour, d'une ou d'autre manière :
　　Vous êtes dans une carrière
　　Où l'on ne se pardonne rien.

[3] A n'en pas douter, certainement.

FABLE LXXXIII

Les Femmes et le Secret.

　　Rien ne pèse tant qu'un secret :
　　Le porter loin est difficile aux dames,
　　Et je sais même sur ce fait
　　Bon nombre d'hommes qui sont femmes.
Pour éprouver la sienne un mari s'écria,
La nuit, étant près d'elle : « O Dieu ! qu'est-ce cela ?
　　Je n'en puis plus ! on me déchire !
Quoi ! j'accouche d'un œuf ! — D'un œuf ? — Oui ! le voilà,
Frais et nouveau pondu : gardez bien de le dire ;
On m'appellerait poule. Enfin n'en parlez pas. »
　　La femme, neuve sur ce cas [1],
　　Ainsi que sur mainte autre affaire,
Crut la chose, et promit ses grands dieux de se taire.
　　Mais ce serment s'évanouit

[1] Sur un événement de cette nature.

Avec les ombres de la nuit.
L'épouse, indiscrète et peu fine,
Sort du lit quand le jour fut à peine levé;
Et de courir chez sa voisine :
« Ma commère, dit-elle, un cas est arrivé;
N'en dites rien surtout, car vous me feriez battre :
Mon mari vient de pondre un œuf gros comme quatre.
Au nom de Dieu, gardez-vous bien
D'aller publier ce mystère. —
Vous moquez-vous? dit l'autre : ah! vous ne savez guère
Quelle je suis. Allez, ne craignez rien. »
La femme du pondeur s'en retourne chez elle.
L'autre grille déjà d'en conter la nouvelle ;
Elle va la répandre en plus de dix endroits :
Au lieu d'un œuf elle dit trois.
Ce n'est pas encor tout; car une autre commère
En dit quatre, et raconte à l'oreille le fait :
Précaution peu nécessaire,
Car ce n'était plus un secret.
Comme le nombre d'œufs, grâce à la renommée,
De bouche en bouche allait croissant,
Avant la fin de la journée
Ils se montaient à plus d'un cent.

FABLE LXXXIV

Le Rat et l'Huître.

Un rat, hôte d'un champ, rat de peu de cervelle,
Des lares paternels[1] un jour se trouva soû[2].
Il laisse là le champ, le grain et la javelle,
Va courir le pays, abandonne son trou.
Sitôt qu'il fut hors de la case[3] :
« Que le monde, dit-il, est grand et spacieux!

[1] La maison paternelle. Les lares étaient les dieux domestiques des Romains.
[2] L'orthographe régulière est *soûl*.
[3] La chaumière.

Voilà les Apennins, et voici le Caucase ! »
La moindre taupinée était mont à ses yeux.
Au bout de quelques jours, le voyageur arrive
En un certain canton où Téthys [4] sur la rive
Avait laissé mainte huître ; et notre rat d'abord
Crut voir, en les voyant, des vaisseaux de haut bord.
« Certes, dit-il, mon père était un pauvre sire.
Il n'osait voyager, craintif au dernier point.
Pour moi, j'ai déjà vu le maritime empire :
J'ai passé les déserts, mais nous n'y bûmes point. »
D'un certain magister le rat tenait ces choses,
  Et les disait à travers champs ;
N'étant pas de ces rats qui, les livres rongeants,
  Se font savants jusques aux dents.
  Parmi tant d'huîtres toutes closes,
Une s'était ouverte ; et bâillant au soleil,
  Par un doux zéphyr réjouie,
Humait l'air, respirait, était épanouie,
Blanche, grasse, et d'un goût, à la voir, nonpareil.
D'aussi loin que le rat voit cette huître qui bâille :
« Qu'aperçois-je ? dit-il : c'est quelque victuaille [5] :
Et, si je ne me trompe à la couleur du mets,
Je dois faire aujourd'hui bonne chère, ou jamais. »
Là-dessus, maître rat, plein de belle espérance,
Approche de l'écaille, allonge un peu le cou,
Se sent pris comme aux lacs ; car l'huître tout d'un coup
Se referme. Et voilà ce que fait l'ignorance.

Cette fable contient plus d'un enseignement.
  Nous y voyons premièrement
Que ceux qui n'ont du monde aucune expérience
Sont, aux moindres objets, frappés d'étonnement ;
  Et puis nous y pouvons apprendre
  Que tel est pris qui croyait prendre.

[4] Téthys, pour la mer, dont Téthys était la déesse.
Nourriture.

FABLE LXXXV

L'Ours et l'Amateur des jardins.

Certain ours montagnard, ours à demi léché,
Confiné par le Sort dans un bois solitaire,
Nouveau Bellérophon ¹, vivait seul et caché.
Il fût devenu fou : la raison d'ordinaire
N'habite pas longtemps chez les gens séquestrés.
Il est bon de parler, et meilleur de se taire ;
Mais tous deux sont mauvais alors qu'ils sont outrés.
    Nul animal n'avait affaire
    Dans les lieux que l'ours habitait,
    Si bien que, tout ours qu'il était,
Il vint à s'ennuyer de cette triste vie.
Pendant qu'il se livrait à la mélancolie,
    Non loin de là certain vieillard
    S'ennuyait aussi de sa part.
Il aimait les jardins, était prêtre de Flore ²,
    Il l'était de Pomone ³ encore.
Ces deux emplois sont beaux ; mais je voudrais parmi
    Quelque doux et discret ami.
Les jardins parlent peu, si ce n'est dans mon livre
    De façon que, lassé de vivre
Avec des gens muets, notre homme, un beau matin,
Va chercher compagnie, et se met en campagne.
    L'ours, porté d'un même dessein,
    Venait de quitter sa montagne.
    Tous deux, par un cas surprenant,
    Se rencontrent dans un tournant.
L'homme eut peur : mais comment esquiver ? et que faire ?
Se tirer en Gascon d'une semblable affaire
Est le mieux : il sut donc dissimuler sa peur.

¹ Bellérophon, un des héros mythologiques de la Grèce, était fils de Glaucus, roi de Corinthe. Il vivait isolé et plongé dans la mélancolie, parce qu'il avait tué par accident, à la chasse, son frère Belléros.

² Déesse des fleurs.

³ Déesse des fruits chez les Romains.

L'ours, très-mauvais complimenteur,
Lui dit : « Viens-t'en me voir. » L'autre reprit : « Seigneur,
Vous voyez mon logis ; si vous me vouliez faire
Tant d'honneur que d'y prendre un champêtre repas,
J'ai des fruits, j'ai du lait : ce n'est peut-être pas
De nosseigneurs les ours le manger ordinaire [4],
Mais j'offre ce que j'ai. » L'ours l'accepte ; et d'aller.
Les voilà bons amis avant que d'arriver ;
Arrivés, les voilà se trouvant bien ensemble ;
    Et bien qu'on soit, à ce qu'il semble,
    Beaucoup mieux seul qu'avec des sots,
Comme l'ours en un jour ne disait pas deux mots,
L'homme pouvait sans bruit vaquer à son ouvrage.
L'ours allait à la chasse, apportait du gibier ;
    Faisait son principal métier
D'être bon émoucheur ; écartait du visage
De son ami dormant ce parasite ailé
    Que nous avons mouche appelé.
Un jour que le vieillard dormait d'un profond somme,
Sur le bout de son nez une allant se placer
Mit l'ours au désespoir ; il eut beau la chasser.
« Je l'attraperai bien, dit-il ; et voici comme. »
Aussitôt fait que dit : le fidèle émoucheur
Vous empoigne un pavé, le lance avec roideur,
Casse la tête à l'homme en écrasant la mouche ;
Et, non moins bon archer que mauvais raisonneur
Roide mort étendu sur la place il le couche.

Rien n'est si dangereux qu'un ignorant ami ;
    Mieux vaudrait un sage ennemi.

[4] L'ours ordinaire est frugivore.

FABLE LXXXVI

Les deux Amis.

Deux vrais amis vivaient au Monomotapa[1] ;
L'un ne possédait rien qui n'appartînt à l'autre.

[1] Contrée de l'Afrique méridionale.

      Les amis de ce pays-là
        Valent bien, dit-on, ceux du nôtre.
Une nuit que chacun s'occupait au sommeil,
Et mettait à profit l'absence du soleil,
Un de nos deux amis sort du lit en alarme ;
Il court chez son intime, éveille les valets :
Morphée[2] avait touché le seuil de ce palais.
L'ami couché s'étonne ; il prend sa bourse, il s'arme,
Vient trouver l'autre, et dit : « Il vous arrive peu
De courir quand on dort ; vous me paraissiez homme
A mieux user du temps destiné pour le somme :
N'auriez-vous point perdu tout votre argent au jeu ?
En voici. S'il vous est venu quelque querelle,
J'ai mon épée ; allons. Vous ennuyez-vous point ? —
Non, dit l'ami, ce n'est ni l'un ni l'autre point :
      Je vous rends grâce de ce zèle.
Vous m'êtes, en dormant, un peu triste apparu.
J'ait craint qu'il ne fût vrai ; je suis vite accouru :
      Ce maudit songe en est la cause. »

Qui d'eux aimait le mieux ? Que t'en semble, lecteur ?
Cette difficulté vaut bien qu'on la propose.
Qu'un ami véritable est une douce chose !
Il cherche vos besoins au fond de votre cœur ;
      Il vous épargne la pudeur
      De les lui découvrir vous-même :
      Un songe, un rien, tout lui fait peur,
      Quand il s'agit de ce qu'il aime.

[2] Dieu des songes, fils du Sommeil et de la Nuit, avait la charge d'endormir les hommes.

FABLE LXXXVII

L'Ane et le Chien.

Il se faut entr'aider ; c'est la loi de nature.
      L'âne un jour pourtant s'en moqua.
      Et ne sais comme il y manqua,
      Car il est bonne créature.

Il allait par pays, accompagné du chien,
Gravement, sans songer à rien ;
Tous deux suivis d'un commun maître.
Ce maître s'endormit. L'âne se mit à paître ;
Il était alors dans un pré
Dont l'herbe était fort à son gré.
Point de chardons pourtant ; il s'en passa pour l'heure :
Il ne faut pas toujours être si délicat,
Et, faute de servir ce plat,
Rarement un festin demeure[1].
Notre baudet s'en sut enfin
Passer pour cette fois. Le chien, mourant de faim,
Lui dit : « Cher compagnon, baisse-toi, je te prie :
Je prendrai mon dîné dans le panier au pain. »
Point de réponse ; mot[2] : le roussin d'Arcadie
Craignit qu'en perdant un moment
Il ne perdît un coup de dent.
Il fit longtemps la sourde oreille.
Enfin il répondit : « Ami, je te conseille
D'attendre que ton maître ait fini son sommeil ;
Car il te donnera sans faute, à son réveil,
Ta portion accoutumée :
Il ne saurait tarder beaucoup. »
Sur ces entrefaites, un loup
Sort du bois et s'en vient : autre bête affamée.
L'âne appelle aussitôt le chien à son secours.
Le chien ne bouge et dit : « Ami, je te conseille
De fuir en attendant que ton maître s'éveille :
I ne saurait tarder ; détale vite, et cours.
Que si ce loup t'atteint, casse-lui la mâchoire :
On t'a ferré de neuf ; et, si tu me veux croire,
Tu l'étendras tout plat. » Pendant ce beau discours,
Seigneur loup étrangla le baudet sans remède.

  Je conclus qu'il faut qu'on s'entr'aide

[1] Reste sans qu'on y touche.
[2] Ellipse, pour *il ne dit mot*.

FABLE LXXXVIII

Le Torrent et la Rivière.

Avec grand bruit et grand fracas
Un torrent tombait des montagnes :
Tout fuyait devant lui; l'horreur suivait ses pas;
Il faisait trembler les campagnes.
Nul voyageur n'osait passer
Une barrière si puissante;
Un seul vit des voleurs; et, se sentant presser,
Il mit entre eux et lui cette onde menaçante.
Ce n'était que menace et bruit sans profondeur :
Notre homme enfin n'eut que la peur.
Ce succès lui donnant courage,
Et les mêmes voleurs le poursuivant toujours,
Il rencontra sur son passage
Une rivière dont le cours,
Image d'un sommeil doux, paisible et tranquille,
Lui fit croire d'abord ce trajet fort facile:
Point de bords escarpés, un sable pur et net.
Il entre; et son cheval le met
A couvert des voleurs, mais non de l'onde noire.
Tous deux au Styx[1] allèrent boire;
Tous deux, à nager malheureux,
Allèrent traverser, au séjour ténébreux,
Bien d'autres fleuves que les nôtres.

Les gens sans bruit sont dangereux :
Il n'en est pas ainsi des autres.

[1] Fleuve des enfers par lequel les dieux juraient.

FABLE LXXXIX

Les deux Pigeons.

Deux pigeons s'aimaient d'amour tendre.
L'un d'eux, s'ennuyant au logis,

Fut assez fou pour entreprendre
Un voyage en lointain pays.
L'autre lui dit : « Qu'allez-vous faire
Voulez-vous quitter votre frère?
L'absence est le plus grand des maux :
Non pas pour vous, cruel! Au moins que les travaux,
Les dangers, les soins du voyage,
Changent un peu votre courage[1].
Encor, si la saison s'avançait davantage!
Attendez les zéphirs : qui vous presse? un corbeau
Tout à l'heure annonçait malheur à quelque oiseau.
Je ne songerai plus que rencontre funeste,
Que faucons, que réseaux. Hélas! dirai-je, il pleut :
Mon frère a-t-il tout ce qu'il veut,
Bon soupé, bon gîte et le reste?
Ce discours ébranla le cœur
De notre imprudent voyageur ;
Mais le désir de voir et l'humeur inquiète
L'emportèrent enfin. Il dit : « Ne pleurez point :
Trois jours au plus rendront mon âme satisfaite :
Je reviendrai dans peu conter de point en point
Mes aventures à mon frère ;
Je le désennuierai. Quiconque ne voit guère
N'a guère à dire aussi. Mon voyage dépeint
Vous sera d'un plaisir extrême.
Je dirai : J'étais là ; telle chose m'avint :
Vous y croirez être vous-même. »
A ces mots, en pleurant, ils se dirent adieu.
Le voyageur s'éloigne : et voilà qu'un nuage
L'oblige de chercher retraite en quelque lieu.
Un seul arbre s'offrit, tel encor que l'orage
Maltraita le pigeon en dépit du feuillage.
L'air devenu serein, il part tout morfondu,
Sèche du mieux qu'il peut son corps chargé de pluie ;
Dans un champ à l'écart voit du blé répandu,
Voit un pigeon auprès ; cela lui donne envie ;
Il y vole, il est pris : ce blé couvrait d'un lacs [2]
Les menteurs et traîtres appâts.
Le lacs était usé ; si bien, que, de son aile,
De ses pieds, de son bec, l'oiseau le rompt enfin :

[1] Volonté. — [2] Filet. Le c ne se prononce pas.

Quelque plume y périt ; et le pis du destin
Fut qu'un certain vautour à la serre cruelle
Vit notre malheureux, qui, traînant la ficelle
Et les morceaux du lacs qui l'avait attrapé,
    Semblait un forçat échappé.
Le vautour s'en allait le lier ³, quand des nues
Fond à son tour un aigle aux ailes étendues.
Le pigeon profita du conflit des voleurs,
S'envola, s'abattit auprès d'une masure,
    Crut, pour ce coup, que ses malheurs
    Finiraient par cette aventure :
Mais un fripon d'enfant (cet âge est sans pitié)
Prit sa fronde, et du coup tua plus d'à moitié
    La volatile malheureuse,
  Qui, maudissant sa curiosité,
    Traînant l'aile et tirant le pié ⁴,
    Demi-morte et demi-boiteuse,
    Droit au logis s'en retourna :
    Que bien, que mal ², elle arriva
    Sans autre aventure fâcheuse.
Voilà nos gens rejoints ; et je laisse à juger
De combien de plaisirs ils payèrent leurs peines.

Amis, heureux amis, voulez-vous voyager ?
    Que ce soit aux rives prochaines.
Soyez-vous l'un à l'autre un monde toujours beau,
    Toujours divers, toujours nouveau.

³ Terme de fauconnerie, l'enlever. — ⁴ Rime, pour pied.
⁵ Tant bien que mal.

FABLE XC

Le Gland et la Citrouille.

Dieu fait bien ce qu'il fait. Sans en chercher la preuve
En tout cet univers, et l'aller parcourant,
    Dans les citrouilles je la treuve ¹.

¹ *Treuve* est une ancienne prononciation pour *trouve*.

   Un villageois, considérant
Combien ce fruit est gros et sa tige menue :
« A quoi songeait, dit-il, l'auteur de tout cela?
Il a bien mal placé cette citrouille-là !
   Eh parbleu ! je l'aurais pendue
   A l'un des chênes que voilà ;
   C'eût été justement l'affaire :
   Tel fruit, tel arbre pour bien faire.
C'est dommage, Garo[2], que tu n'es point entré
Au conseil de celui que prêche ton curé ;
Tout en eût été mieux : car pourquoi, par exemple,
Le gland, qui n'est pas gros comme mon petit doigt,
   Ne pend-il pas en cet endroit ?
   Dieu s'est mépris : plus je contemple
Ces fruits ainsi placés, plus il semble à Garo
   Que l'on a fait un quiproquo. »
Cette réflexion embarrassant notre homme :
« On ne dort point, dit-il, quand on a tant d'esprit. »
Sous un chêne aussitôt il va prendre son somme.
Un gland tombe : le nez du dormeur en pâtit.
Il s'éveille ; et, portant la main sur son visage,
Il trouve encor le gland pris au poil du menton.
Son nez meurtri le force à changer de langage :
« Oh ! oh ! dit-il, je saigne ! Et que serait-ce donc
S'il fût tombé de l'arbre une masse plus lourde,
   Et que ce gland eût été gourde !
Dieu ne l'a pas voulu : sans doute il eut raison ;
   J'en vois bien à présent la cause. »
   En louant Dieu de toute chose,
   Garo retourne à la maison.

[2] Nom de paysan dans l'ancienne comédie.

FABLE XCI

L'Huître et les Plaideurs.

Un jour deux pèlerins sur le sable rencontrent
Une huître, que le flot y venait d'apporter :

Ils l'avalent des yeux, du doigt ils se la montrent;
A l'égard de la dent il fallut contester.
L'un se baissait déjà pour amasser la proie [1];
L'autre le pousse, et dit : « Il est bon de savoir
    Qui de nous en aura la joie.
Celui qui le premier a pu l'apercevoir
En sera le gobeur ; l'autre le verra faire. —
    Si par là l'on juge l'affaire,
Reprit son compagnon, j'ai l'œil bon, Dieu merci. —
    Je ne l'ai pas mauvais aussi,
Dit l'autre; et je l'ai vue avant vous, sur ma vie. —
Hé bien ! vous l'avez vue ; et moi je l'ai sentie. »
    Pendant tout ce bel incident,
Perrin Dandin [2] arrive : ils le prennent pour juge.
Perrin, fort gravement, ouvre l'huître et la gruge [3],
    Nos deux messieurs le regardant.
Ce repas fait, il dit d'un ton de président :
« Tenez, la cour vous donne à chacun une écaille,
Sans dépens ; et qu'en paix chacun chez soi s'en aille. »

Mettez ce qu'il en coûte à plaider aujourd'hui ;
Comptez ce qu'il en reste à beaucoup de familles :
Vous verrez que Perrin tire l'argent à lui,
Et ne laisse aux plaideurs que le sac et les quilles [4].

[1] Ramasser.

[2] Nom de juge dans le *Pantagruel* de Rabelais.

[3] La mange, l'avale.

[4] Cette vieille locution signifie : Il ne laisse rien aux plaideurs.

FABLE XCII

Le Chat et le Renard.

Le chat et le renard, comme beaux petits saints,
    S'en allaient en pèlerinage.

C'étaient deux vrais tartufs [1], deux archipatelins [2],
Deux francs patte-pelus [3], qui, des frais du voyage,
Croquant mainte volaille, escroquant maint fromage,
    S'indemnisaient à qui mieux mieux.
Le chemin étant long, et partant [4] ennuyeux,
    Pour l'accourcir ils disputèrent.
    La dispute est d'un grand secours :
    Sans elle on dormirait toujours.
    Nos pèlerins s'égosillèrent.
Ayant bien disputé, l'on parla du prochain.
    Le renard au chat dit enfin :
    « Tu prétends être fort habile ;
En sais-tu tant que moi ? J'ai cent ruses au sac. —
Non, dit l'autre : je n'ai qu'un tour dans mon bissac ;
    Mais je soutiens qu'il en vaut mille. »
Eux de recommencer la dispute à l'envi.
Sur le que si, que non, tous deux étant ainsi,
    Une meute apaisa la noise.
Le chat dit au renard : « Fouille en ton sac, ami ;
    Cherche en ta cervelle matoise
Un stratagème sûr : pour moi, voici le mien. »
A ces mots, sur un arbre il grimpa bel et bien.
    L'autre fit cent tours inutiles,
Entra dans cent terriers, mit cent fois en défaut
    Tous les confrères de Brifaut [5].
    Partout il tenta des asiles ;
    Et ce fut partout sans succès :
La fumée y pourvut ainsi que les bassets.
Au sortir d'un terrier, deux chiens aux pieds agiles
    L'étranglèrent du premier bond.
Le trop d'expédients peut gâter une affaire :
On perd du temps au choix, on tente, on veut tout faire.
    N'en ayons qu'un, mais qu'il soit bon.

[1] Ce mot, qui s'écrit ordinairement *tartufe*, désigne un hypocrite consommé.

[2] Patelin est le nom d'un avocat rusé, principal personnage d'une comédie célèbre du xvie siècle. *Archi* donne la force d'un superlatif à tous les mots devant lesquels il se trouve.

[3] Ce mot désigne une personne qui, sous l'apparence de la douceur et de l'honnêteté, ne veut qu'arriver à ses fins. — [4] Par conséquent. — [5] Nom de chien signifiant glouton.

FABLE XCIII

Le Singe et le Chat.

Bertrand avec Raton, l'un singe et l'autre chat,
Commensaux d'un logis, avaient un commun maître.
D'animaux malfaisants c'était un très-bon plat :
Ils n'y craignaient tous deux aucun, quel qu'il pût être.
Trouvait-on quelque chose au logis de gâté,
L'on ne s'en prenait point aux gens du voisinage :
Bertrand dérobait tout ; Raton, de son côté,
Était moins attentif aux souris qu'au fromage.
Un jour, au coin du feu, nos deux maîtres fripons
    Regardaient rôtir des marrons.
Les escroquer était une très-bonne affaire :
Nos galants y voyaient double profit à faire,
Leur bien premièrement, et puis le mal d'autrui.
Bertrand dit à Raton : « Frère, il faut aujourd'hui
    Que tu fasses un coup de maître :
Tire-moi ces marrons. Si Dieu m'avait fait naître
    Propre à tirer marrons du feu,
    Certes marrons verraient beau jeu. »
Aussitôt fait que dit : Raton, avec sa patte,
    D'une manière délicate,
Écarte un peu la cendre, et retire les doigts ;
    Puis les reporte à plusieurs fois ;
Tire un marron, puis deux, et puis trois en escroque :
    Et cependant Bertrand les croque.
Une servante vient : adieu mes gens. Raton
    N'était pas content, ce dit-on.

Ainsi ne le sont pas la plupart de ces princes
    Qui, flattés d'un pareil emploi,
    Vont s'échauder en des provinces
    Pour le profit de quelque roi.

FABLE XCIV

Les Lapins.

A M. LE DUC DE LA ROCHEFOUCAULD.

Je me suis souvent dit, voyant de quelle sorte
    L'homme agit, et qu'il se comporte
En mille occasions comme les animaux :
Le roi de ces gens-là n'a pas moins de défauts
    Que ses sujets ; et la Nature
    A mis dans chaque créature
Quelque grain d'une masse où puisent les esprits :
J'entends les esprits-corps, et pétris de matière.
    Je vais prouver ce que je dis.
A l'heure de l'affût, soit lorsque la lumière
Précipite ses traits [1] dans l'humide séjour [2],
Soit lorsque le soleil rentre dans sa carrière,
Et que, n'étant plus nuit, il n'est pas encor jour,
Au bord de quelque bois sur un arbre je grimpe,
Et, nouveau Jupiter, du haut de cet Olympe,
    Je foudroie à discrétion
    Un lapin qui n'y pensait guère.
Je vois fuir aussitôt toute la nation
    Des lapins, qui, sur la bruyère,
    L'œil éveillé, l'oreille au guet,
S'égayaient, et de thym parfumaient leur banquet.
    Le bruit du coup fait que la bande
    S'en va chercher sa sûreté
    Dans la souterraine cité.
Mais le danger s'oublie, et cette peur si grande
S'évanouit bientôt ; je revois les lapins,
Plus gais qu'auparavant, revenir sous mes mains.

Ne reconnaît-on pas en cela les humains ?

[1] Ses rayons.

[2] Les poëtes anciens disent tous que le soleil se couche dans l'Océan.

Dispersés par quelque orage,
A peine ils touchent le port
Qu'ils vont hasarder ³ encor
Même vent, même naufrage.
Quand des chiens étrangers passent par quelque endroit
Qui n'est pas de leur détroit⁴,
Je laisse à penser quelle fête!
Les chiens du lieu, n'ayant en tête
Qu'un intérêt de gueule, à cris, à coups de dents
Vous accompagnent ces passants
Jusqu'aux confins du territoire.
Un intérêt de biens, de grandeur et de gloire,
Aux gouverneurs d'États, à certains courtisans,
A gens de tous métiers, en fait tout autant faire.
On nous voit tous, pour l'ordinaire,
Piller le survenant, nous jeter sur sa peau.
Presque tous les auteurs sont de ce caractère :
Malheur à l'écrivain nouveau!
Le moins de gens qu'on peut à l'entour du gâteau⁵,
C'est le droit du jeu, c'est l'affaire.

³ Affronter.

⁴ Canton.

⁵ *Gâteau* est ici une expression proverbiale désignant les profits, les avantages d'une affaire; on dit : *partager le gâteau*

FABLE XCV

Le Paysan du Danube.

Il ne faut point juger des gens sur l'apparence.
Le conseil en est bon; mais il n'est pas nouveau.
Jadis l'erreur du souriceau
Me servit à prouver le discours ¹ que j'avance :
J'ai, pour le fonder à présent,
Le bon Socrate, Ésope, et certain paysan
Des rives du Danube, homme dont Marc-Aurèle ²

¹ Le raisonnemnet.

² Empereur romain.

Nous fait un portrait fort fidèle.
On connaît les premiers ; quant à l'autre, voici
    Le personnage en raccourci :
Son menton nourrissait une barbe touffue ;
    Toute sa personne velue
Représentait un ours, mais un ours mal léché.
Sous un sourcil épais il avait l'œil caché,
Le regard de travers, nez tortu, grosse lèvre,
    Portait sayon de poil de chèvre[3],
    Et ceinture de joncs marins.
Cet homme ainsi bâti fut député des villes
Que lave le Danube[4]. Il n'était point d'asiles
    Où l'avarice des Romains
Ne pénétrât alors, et ne portât les mains.
Le député vint donc, et fit cette harangue :
« Romains, et vous, sénat assis pour m'écouter,
Je supplie avant tout les dieux de m'assister :
Veuillent les immortels, conducteurs de ma langue,
Que je ne dise rien qui doive être repris !
Sans leur aide, il ne peut entrer dans les esprits
    Que tout mal et toute injustice :
Faute d'y recourir, on viole leurs lois.
Témoin nous que punit la romaine avarice :
Rome est par nos forfaits, plus que par ses exploits,
    L'instrument de notre supplice.
Craignez, Romains, craignez que le ciel quelque jour
Ne transporte chez vous les pleurs et la misère ;
Et mettant en nos mains, par un juste retour,
Les armes dont se sert sa vengeance sévère,
    Il ne vous fasse, en sa colère,
    Nos esclaves à votre tour.
Et pourquoi sommes-nous les vôtres ? Qu'on me die [5]
En quoi vous valez mieux que cent peuples divers.
Quel droit vous a rendus maîtres de l'univers ?
Pourquoi venir troubler une innocente vie ?
Nous cultivions en paix d'heureux champs ; et nos mains
Étaient propres aux arts, ainsi qu'au labourage.

[3] Habit gaulois, espèce de manteau à manche.
[4] Grand fleuve de l'Europe orientale.
[5] Vieux subjonctif du verbe *dire*, pour *dise*.

Qu'avez-vous appris aux Germains⁶?
Ils ont l'adresse et le courage :
S'ils avaient eu l'avidité,
Comme vous, et la violence,
Peut-être en votre place ils auraient la puissance,
Et sauraient en user sans inhumanité.
Celle que vos préteurs⁷ ont sur nous exercée
N'entre qu'à peine en la pensée.
La majesté de vos autels
Elle-même en est offensée ;
Car sachez que les immortels
Ont les regards sur nous. Grâces à vos exemples,
Ils n'ont devant les yeux que des objets d'horreur,
De mépris d'eux et de leurs temples,
D'avarice qui va jusques à la fureur.
Rien ne suffit aux gens qui nous viennent de Rome :
La terre et le travail de l'homme
Font, pour les assouvir, des efforts superflus
Retirez-les : on ne veut plus
Cultiver pour eux les campagnes.
Nous quittons les cités, nous fuyons aux montagnes,
Nous laissons nos chères compagnes ;
Nous ne conversons⁸ plus qu'avec des ours affreux,
Découragés de mettre au jour des malheureux,
Et de peupler pour Rome un pays qu'elle opprime.
Quant à nos enfants déjà nés,
Nous souhaitons de voir leurs jours bientôt bornés.
Vos préteurs au malheur nous font joindre le crime.
Retirez-les : ils ne nous apprendront
Que la mollesse et que le vice ;
Les Germains comme eux deviendront
Gens de rapine et d'avarice.
C'est tout ce que j'ai vu dans Rome à mon abord.
N'a-t-on point de présent à faire,
point de pourpre à donner ? C'est en vain qu'on espère
Quelque refuge aux lois : encor leur ministère

⁶ Peuplades libres qui habitaient l'Allemagne.

⁷ Les préteurs étaient des magistrats romains qui gouvernaient souverainement les provinces de l'empire.

⁸ Nous ne vivons plus.

A-t-il mille longueurs. Ce discours, un peu fort,
　　Doit commencer à vous déplaire.
　　Je finis. Punissez de mort
　　Une plainte un peu trop sincère. »
A ces mots, il se couche ; et chacun étonné
Admire le grand cœur, le bon sens, l'éloquence
　　Du sauvage ainsi prosterné.
On le créa patrice [9], et ce fut la vengeance
Qu'on crut qu'un tel discours méritait. On choisit
　　D'autres préteurs ; et par écrit
Le sénat demanda ce qu'avait dit cet homme,
Pour servir de modèle aux parleurs à venir.
　　On ne sut pas longtemps à Rome
　　Cette éloquence entretenir.

[9] Patricien, sénateur. La dignité de patrice ne fut créée que plus tard, par Constantin.

FABLE XCVI

Le Vieillard et les trois jeunes Hommes.

　　Un octogénaire plantait.
Passe encor de bâtir ; mais planter à cet âge !
Disaient trois jouvenceaux [1] enfants du voisinage :
　　Assurément il radotait.
　　« Car, au nom des dieux, je vous prie,
Quel fruit de ce labeur pouvez-vous recueillir ?
Autant qu'un patriarche il vous faudrait vieillir.
　　A quoi bon charger votre vie
Des soins d'un avenir qui n'est pas fait pour vous ?
Ne songez désormais qu'à vos erreurs passées
Quittez le long espoir et les vastes pensées ;
　　Tout cela ne convient qu'à nous.
　　— Il ne convient pas à vous-mêmes,
Repartit le vieillard. Tout établissement

[1] Jeune homme encore dans l'adolescence.

Vient tard, et dure peu. La main des Parques blêmes
De vos jours et des miens se joue également.
Nos termes sont pareils par leur courte durée.
Qui de nous des clartés de la voûte azurée
Doit jouir le dernier? Est-il aucun moment
Qui vous puisse assurer d'un second seulement?
Mes arrière-neveux me devront cet ombrage ;
  Eh bien ! défendez-vous au sage
De se donner des soins pour le plaisir d'autrui?
Cela même est un fruit que je goûte aujourd'hui :
J'en puis jouir demain et quelques jours encore ;
  Je puis enfin compter l'aurore
  Plus d'une fois sur vos tombeaux. »
Le vieillard eut raison : l'un des trois jouvenceaux
Se noya dès le port, allant en Amérique ;
L'autre, afin de monter aux grandes dignités,
Dans les emplois de Mars servant la république [1],
Par un coup imprévu vit ses jours emportés ;
  Le troisième tomba d'un arbre
  Que lui-même il voulut enter ;
Et, pleurés du vieillard, il grava sur leur marbre
  Ce que je viens de raconter.

[1] L'État.

PHILÉMON ET BAUCIS.

SUJET TIRÉ DES MÉTAMORPHOSES D'OVIDE.

A Mgr LE DUC DE VENDÔME.

Ni l'or ni la grandeur ne nous rendent heureux.
Ces deux divinités n'accordent à nos vœux
Que des biens peu certains, qu'un plaisir peu tranquille:
Des soucis dévorants c'est l'éternel asile ;
Véritables vautours que le fils de Japet
Représente enchaîné sur son triste sommet [1].
L'humble toit est exempt d'un tribut si funeste.
Le sage y vit en paix, et méprise le reste :
Content de ces douceurs, errant parmi les bois,
Il regarde à ses pieds les favoris des rois ;
Il lit, au front de ceux qu'un vain luxe environne,
Que la Fortune vend ce qu'on croit qu'elle donne :
Approche-t-il du but, quitte-t-il ce séjour,
Rien ne trouble sa fin, c'est le soir d'un beau jour.
Philémon et Baucis nous en offrent l'exemple :
Tous deux virent changer leur cabane en un temple.
Hyménée et l'Amour par des désirs constants
Avaient uni leurs cœurs dès leurs plus doux printemps :
Ni le temps ni l'hymen n'éteignirent leur flamme ;
Clothon [2] prenait plaisir à filer cette trame.

---

[1] Il s'agit de Prométhée, fils de Japet, enchaîné sur le Caucase par ordre de Jupiter ; un vautour lui dévorait incessamment le foie, parce qu'il avait dérobé le feu du ciel pour en faire part aux hommes.

[2] La plus jeune des trois Parques, elle tient la quenouille et file la destinée des hommes.

Ils surent cultiver, sans se voir assistés,
Leur enclos et leur champ par deux fois vingt étés.
Eux seuls ils composaient toute leur république,
Heureux de ne devoir à pas un domestique
Le plaisir ou le gré des soins qu'ils se rendaient !
Tout vieillit : sur leur front les rides s'étendaient ;
L'amitié modéra leurs feux sans les détruire,
Et par des traits d'amour sut encor se produire.
Ils habitaient un bourg plein de gens dont le cœur
Joignait aux duretés un sentiment moqueur.
Jupiter résolut d'abolir cette engeance.
Il part avec son fils, le dieu de l'éloquence [1] ;
Tous deux en pèlerins vont visiter ces lieux.
Mille logis y sont, un seul ne s'ouvre aux dieux.
Près enfin de quitter un séjour si profane,
Ils virent à l'écart une étroite cabane,
Demeure hospitalière, humble et chaste maison.
Mercure frappe : on ouvre. Aussitôt Philémon
Vient au-devant des dieux, et leur tient ce langage :
« Vous me semblez tous deux fatigués du voyage,
Reposez-vous. Usez du peu que nous avons ;
L'aide des dieux a fait que nous le conservons :
Usez-en. Saluez ces pénates d'argile :
Jamais le ciel ne fut aux humains si facile
Que quand Jupiter même était de simple bois :
Depuis qu'on l'a fait d'or, il est sourd à nos voix.
Baucis, ne tardez point, faites tiédir cette onde :
Encor que le pouvoir au désir ne réponde,
Nos hôtes agréeront les soins qui leur sont dus. »
Quelques restes de feu sous la cendre épandus
D'un souffle haletant par Baucis s'allumèrent ;
Des branches de bois sec aussitôt s'enflammèrent.
L'onde tiède, on lava les pieds des voyageurs.
Philémon les pria d'excuser ces longueurs :
Et, pour tromper l'ennui d'une attente importune,
Il entretint les dieux, non point sur la fortune,
Sur ses jeux, sur la pompe et la grandeur des rois,
Mais sur ce que les champs, les vergers et les bois
Ont de plus innocent, de plus doux, de plus rare.
Cependant par Baucis le festin se prépare.

[1] Mercure.

PHILÉMON ET BAUCIS.

La table où l'on servit le champêtre repas
Fut d'ais non façonnés à l'aide du compas :
Encore assure-t-on, si l'histoire en est crue,
Qu'en un de ses supports le temps l'avait rompue.
Baucis en égala les appuis chancelants
Du débris d'un vieux vase, autre injure des ans.
Un tapis tout usé couvrit deux escabelles :
Il ne servait pourtant qu'aux fêtes solennelles.
Le linge orné de fleurs fut couvert, pour tous mets,
D'un peu de lait, de fruits, et des dons de Cérès [1].
Les divins voyageurs, altérés de leur course,
Mêlaient au vin grossier le cristal d'une source.
Plus le vase versait, moins il s'allait vidant.
Philémon reconnut ce miracle évident ;
Baucis n'en fit pas moins : tous deux s'agenouillèrent
A ce signe d'abord leurs yeux se dessillèrent ;
Jupiter leur parut avec ces noirs sourcils
Qui font trembler les cieux sur leurs pôles assis.
« Grand Dieu, dit Philémon, excusez notre faute :
Quels humains auraient cru recevoir un tel hôte ?
Ces mets, nous l'avouons, sont peu délicieux :
Mais quand nous serions rois, que donner à des dieux ?
C'est le cœur qui fait tout : que la terre et que l'onde
Apprêtent un repas pour les maîtres du monde,
Ils lui préféreront les seuls présents du cœur. »
Baucis sort, à ces mots, pour réparer l'erreur.
Dans le verger courait une perdrix privée,
Et par de tendres soins dès l'enfance élevée ;
Elle en veut faire un mets, et la poursuit en vain ;
La volatille échappe à sa tremblante main,
Entre les pieds des dieux elle cherche un asile.
Ce recours à l'oiseau ne fut pas inutile ;
Jupiter intercède. Et déjà les vallons
Voyaient l'ombre en croissant tomber du haut des monts.
Les dieux sortent enfin, et font sortir leurs hôtes.
« De ce bourg, dit Jupin, je veux punir les fautes ;
Suivez-moi. Toi, Mercure, appelle les vapeurs.
O gens durs, vous n'ouvrez vos logis ni vos cœurs ! »
Il dit, et les autans [2] troublent déjà la plaine.

[1] Des gâteaux.
[2] Les vents du midi. Ce mot désigne souvent les vents violents.

Nos deux époux suivaient, ne marchant qu'avec peine ;
Un appui de roseau soulageait leurs vieux ans :
Moitié secours des dieux, moité peur, se hâtants,
A leurs pieds aussitôt cent nuages crevèrent.
Des ministres du dieu les escadrons flottants[1]
Entraînèrent sans choix animaux, habitants,
Arbres, maisons, vergers, toute cette demeure ;
Sans vestiges du bourg, tout disparut sur l'heure.
Les vieillards déploraient ces sévères destins.
Les animaux périr ! car encor les humains,
Tous avaient dû tomber sous les célestes armes.
Baucis en répandit en secret quelques larmes.
Cependant l'humble toit devient temple, et ses murs
Changent leur frêle enduit aux marbres les plus durs.
De pilastres massifs les cloisons revêtues
En moins de deux instants s'élevèrent jusqu'aux nues ;
Le chaume devient or, tout brille en ce pourpris[2] :
Tous ces événements sont peints sur le lambris.
Loin, bien loin les tableaux de Zeuxis et d'Apelle[3] !
Ceux-ci furent tracés d'une main immortelle.
Nos deux époux surpris, étonnés[4], confondus,
Se crurent, par miracle, en l'Olympe rendus.
« Vous comblez, dirent-ils, vos moindres créatures :
Aurions-nous bien le cœur et les mains assez pures
Pour présider ici sur les honneurs divins,
Et prêtres vous offrir les vœux des pèlerins ? »
Jupiter exauça leur prière innocente.
« Hélas ! dit Philémon, si votre main puissante
Voulait favoriser jusqu'au bout deux mortels,
Ensemble nous mourrions en servant vos autels ;
Clothon ferait d'un coup ce double sacrifice ;
D'autres mains nous rendraient un vain et triste office :
Je ne pleurerais point celle-ci, ni ses yeux
Ne troubleraient non plus de leurs larmes ces lieux. »

[1] Périphrase, pour dire *les torrents*.
[2] Enceinte, enclos.
[3] Deux des plus fameux peintres de l'antiquité.
[4] Ce mot avait autrefois un sens plus énergique qu'aujourd'hui et exprimait l'état d'un homme qui était comme frappé par le tonnerre.

Jupiter à ces vœux fut encor favorable.
Mais oserai-je dire un fait presque incroyable ?
Un jour qu'assis tous deux dans le sacré parvis,
Ils contaient cette histoire aux pèlerins ravis,
La troupe à l'entour d'eux debout prêtait l'oreille ;
Philémon leur disait : « Ce lieu plein de merveille
N'a pas toujours servi de temple aux immortels.
Un bourg était autour, ennemi des autels,
Gens barbares, gens durs, habitacle d'impies ;
Du céleste courroux tous furent les hosties[1].
Il ne resta que nous d'un si triste débris ;
Vous en verrez bientôt la suite en nos lambris ;
Jupiter l'y peignit. » En contant ces annales,
Philémon regardait Baucis par intervalles ;
Elle devenait arbre, et lui tendait les bras :
Il veut lui tendre aussi les siens, et ne peut pas.
Il veut parler, l'écorce a sa langue pressée :
L'un et l'autre se dit adieu de la pensée ;
Le corps n'est tantôt plus que feuillage et que bois.
D'étonnement la troupe, ainsi qu'eux, perd la voix.
Même instant, même sort à leur fin les entraîne ;
Baucis devient tilleul, Philémon devient chêne.
On les va voir encore, afin de mériter
Ce bonheur vertueux qu'Hymen leur fit goûter.
Ils courbent sous le poids des offrandes sans nombre.
Pour peu que des époux séjournent sous leur ombre,
Ils s'aiment jusqu'au bout, malgré l'effort des ans.
Ah ! si.... Mais autre part j'ai porté mes présents.
Célébrons seulement cette métamorphose.
De fidèles témoins m'ayant conté la chose,
Clio[2] me conseilla de l'étendre en ces vers,
Qui pourront quelque jour l'apprendre à l'univers.
Quelque jour on verra chez les races futures,
Sous l'appui d'un grand nom, passer ces aventures.

[1] Victimes.
[2] Muse de l'histoire.

GAUME et Cⁱᵉ, éditeurs, 3, rue de l'Abbaye, a Paris.

OUVRAGES DESTINÉS AUX MAISONS D'ÉDUCATION

Histoire de l'Église catholique, depuis Jésus-Christ jusqu'au temps actuel, à l'usage des écoles et des familles, par L. JAUNAY, professeur au petit séminaire de Paris. Édition publiée avec l'autorisation de Mgr Mabile, évêque de Versailles, et approuvée par NN. SS. les évêques de Vannes, de Châlons, de Nancy et de Toul. 1 vol. in-12, broché, 2 fr. 50 ; cart. 2 fr. 75

Bible de l'enfance (la), ou Histoire abrégée de l'Ancien et du Nouveau Testament, racontée aux enfants de huit à douze ans, par l'abbé MARTIN DE NOIRLIEU, curé de Saint-Louis-d'Antin. Édition classique, autorisée par le Conseil de l'Université, 26ᵉ édition. 1 vol. in-12, cart.................................. 1 fr.

Catéchisme de persévérance, ou Exposé historique, dogmatique, moral et liturgique de la Religion, depuis l'origine du monde jusqu'à nos jours, par Mgr GAUME. 13ᵉ édition. 8 vol. in-18............. 30 fr.

— (Abrégé du), 58ᵉ édition adoptée pour les examens de l'Hôtel de Ville. 1 vol. in-18, cart....... 1 fr. 80

Épîtres et Évangiles des dimanches et des fêtes, à l'usage des écoles, des catéchismes et des pensionnats. Traduction nouvelle, avec introduction, sommaires et notes, par M. l'abbé GAUME, chanoine de Paris, 30ᵉ édition, approuvée par S. E. le cardinal Morlot, archevêque de Paris. 1 vol. in-18, cart............. 50 c.

Grand jour approche (le) ! ou Lettres sur la première communion par Mgr GAUME, 39ᵉ édition. 1 vol. in-18.................................... 90 c.

GAUME et Cⁱᵉ, éditeurs, 3, rue de l'Abbaye, à Paris.

Imitation de Jésus-Christ, traduction du P. Lallemant, annotée à l'usage des enfants de Marie par le R. P. Dominget, mariste. 1 vol. in-32.......... 1 fr.

Imitation de Jésus-Christ (l'), traduite par le P. Lallemant. Édition diamant, revue et corrigée avec le plus grand soin. 1 vol. in-18 .... » 50

Judith et Esther, Mois de Marie du xixe siècle, par Mgr Gaume. 1 vol. in-18.................... 1 fr.

Manuel du pieux écolier, ou Recueil de réflexions, prières et pratiques de piété à l'usage de la jeunesse chrétienne. 11e édit. 1 vol. in-32............. 1 fr.

Manuel du Chrétien, contenant les Psaumes, le Nouveau Testament, l'Imitation, précédé de l'ordinaire de la Messe, des Vêpres et des Complies suivant le rit romain, annoté par M. l'abbé Gaume, chanoine de Paris, et approuvé par S. E. Mg. le cardinal Morlot, archevêque de Paris.
Édition en petits caractères, 1 vol. in-32... 2 fr. 50
Édition en gros caractères, 1 vol. in-12....... 8 fr.

Nouveau Testament (le) de N.-S. Jésus-Christ; traduction nouvelle, avec sommaires et notes, par M. l'abbé A. Gaume. Édition approuvée à Rome, 1 fort vol. in-12.................................... 6 fr.

— Le même ouvrage. 1 vol. in-32, édition diamant.. 2 fr.

Seigneur est mon partage (le), ou Lettres sur la persévérance, par Mgr Gaume, 11e édit. 1 vol. in-12. 90 c.

Vie des Saints, par l'abbé Daras. 4 vol. in-12. 14 fr.

GAUME et Cⁱᵉ, éditeurs, 3, rue de l'Abbaye, à Paris.

PRIÈRES
DU CHRÉTIEN

PRIÈRES DURANT LA MESSE, ORDO MISSÆ,
VÊPRES ET COMPLIES ;
PROSES EN L'HONNEUR DE LA SAINTE VIERGE ; PRIÈRES
PENDANT LE SALUT, DU MATIN, DU SOIR, POUR LA CONFESSION
POUR LA COMMUNION ; MISERERE MEI
DIES IRÆ, LITANIES DU SACRÉ-CŒUR, AMENDE HONORABLE,
CANTIQUE NATIONAL.

1 vol. in-32, relié en toile, tranche rouge.   80 c!
1 vol. in-12, *en gros caractères*..........   1 fr.

Ce petit manuel contient en 80 pages toutes les principales prières les plus usuelles. C'est le vrai livre de poche de la jeunesse des Écoles.

APPROBATION

« Nous nous empressons de signaler aux fidèles de notre diocèse un charmant petit recueil que vient de publier la maison GAUME. Cet opuscule, intitulé *Les Prières du Chrétien*, renferme l'Ordinaire de la Messe, ainsi que les psaumes et les hymnes les plus usités. Cette édition est d'un format gracieux et fort commode ; elle se recommande donc d'elle-même aux personnes qui désirent avoir un joli petit Manuel pour suivre les chants et les prières liturgiques dans les cérémonies religieuses, et particulièrement dans les saluts du Saint-Sacrement.

Rodez, le 18 août 1877.

« † Ernest, évêque de Rodez et de Vabres. »

GAUME et Cⁱᵉ, éditeurs, 3, rue de l'Abbaye, à Paris.

BIBLIOTHÈQUE
DES CLASSIQUES CHRÉTIENS

LATINS ET GRECS POUR TOUTES LES CLASSES

COMPOSÉE

Sur le plan d'études dédié au Pape CLÉMENT VIII
et approuvé à Rome en 1692

PUBLIÉE

Sous la direction de Mgr GAUME

Conformément aux prescriptions de l'*Encyclique* du 27 mars 1853
et du *Bref* du 22 avril 1874

ÉDITIONS ANNOTÉES

Par une Société de Philologues et d'Agrégés de l'Université

COMPRENANT :

19 vol. latins............	24 fr.	
12 vol. grecs.............	12 fr.	**40 FR.**
2 vol. traductions.......	7 fr.	

Cette collection de classiques chrétiens, dit le rédacteur en chef du *Monde*, publiée sous la direction de Mgr GAUME, est la plus complète; elle comprend la série des auteurs latins et la série des auteurs grecs, et peut conduire les enfants de la classe de huitième à la rhétorique.

Le choix est fort ingénieusement conçu : il comprend l'Ancien et le Nouveau Testament, les Actes des Martyrs, les Vies des Saints et des extraits des Pères de l'Église ; la langue historique, la langue oratoire, la langue parlée. Ces ouvrages sont destinés aux élèves des classes élémentaires de huitième et de septième. La Bible, qui commence par les récits de l'Ancien Testament, depuis la création du monde jusqu'aux Rois, est le texte même de la Vulgate revisé avec soin, débarrassé de tout ce qui ne pourrait convenir, et accompagné de notes qui en éclairent les parties obscures.

GAUME et Cⁱᵉ, éditeurs, 3, rue de l'Abbaye, à Paris.

LE MANUEL DU CHRÉTIEN
Publié pour la première fois en gros caractère (1)
Édition du chanoine GAUME
Approuvée à Rome et autorisée par Mgr l'archevêque de Paris
1 vol. in-12 broché : 8 fr.
La même édition reliée en 1 vol. in-12, toile, tr. rouge : 10 fr. 25

Il y a trois livres que les fidèles doivent avoir toujours sous la main, et que l'on appelle pour cela le MANUEL DU CHRÉTIEN : c'est le *Nouveau Testament*, le *Psautier* et l'*Imitation de Jésus-Christ*.

Si l'on veut vivre en la compagnie de Notre-Seigneur et de ses Apôtres, il faut lire le matin quelques pages des Évangiles et des Épîtres, les méditer en travaillant, et en faire la règle de sa conduite. C'est le moyen de sanctifier ses actions et de se tenir en la présence de Dieu, dont on conserve en son cœur la parole. Mais l'Eglise ne permet de lire cette divine parole, confiée à sa garde, que dans une *Traduction approuvée* ou *autorisée*, et accompagnée de *Notes explicatives* conformes à la tradition.

Il en est de même du *Psautier*, que nos pères lisaient dès l'enfance, et qu'ils savaient par cœur parce qu'ils en récitaient chaque jour une partie. C'est la prière par excellence. C'est le sacrifice de louange que le Chrétien doit offrir à Dieu, ayant été fait participant du Sacerdoce par le Baptême. Mais là encore la traduction doit être *autorisée* et *annotée* ; ce que l'on n'observait pas toujours autrefois.

Frappé de ce manquement à la loi très sage de l'Eglise, M. le Chanoine GAUME fit une traduction *nouvelle* et *très exacte* du Nouveau Testament, dont la publication fut *autorisée* par M. le Cardinal MORLOT, et ensuite par Mgr DARBOY, et qui fut *approuvée* à Rome par le Maître du Sacré-Palais. Le Censeur qu'il avait chargé d'en faire l'examen loua dans son rapport sa *fidélité parfaite*, ainsi que la science et la clarté des notes au nombre de plus de *quatre mille* qui expliquent les plus difficiles passages du texte sacré.

M. GAUME traduisit également le *Psautier*, qu'il enrichit de notes non moins nécessaires, et qui fut autorisé aussi par l'Ordinaire. Il y joignit l'Imitation de Jésus-Christ du Père Lallemant de la Compagnie de Jésus, dont la traduction est l'une des plus parfaites. Il y a peu de Chrétiens qui n'aiment à lire le soir un chapitre de l'Imitation, afin de s'entretenir encore une fois avec Notre-Seigneur et de s'endormir dans quelque sainte pensée.

Longtemps ce *Manuel du Chrétien* n'a formé qu'un seul volume facile à porter toujours avec soi. Mais les éditeurs, sollicités par des personnes âgées, dont la vue affaiblie demandait un caractère plus gros, viennent d'en faire une édition en un volume très agréable à lire, ce qui permettra de continuer plus longtemps cette pieuse lecture, si utile pour fortifier l'âme dans l'amour de Notre-Seigneur et le désir de la perfection.

(1) Le même ouvrage en petit caractère, 1 vol. in-32 : 3 fr. 30. Reliure de luxe pour les deux formats.

GAUME et Cⁱᵉ, éditeurs, 3, rue de l'Abbaye, à Paris.

LE
SIGNE DE LA CROIX
AU XIXᵉ SIÈCLE

PAR

Mᴳᴿ GAUME

Protonotaire apostolique

5ᵉ édition. 1 vol. in-18............ 1 fr. 50

« L'auteur du *Signe de la Croix* est un de nos écrivains qui ont le plus d'idées originales et fécondes. Il a combattu victorieusement le naturalisme dans la famille, le naturalisme dans l'éducation, le naturalisme dans la politique. Trois de ses livres attestent surtout ces trois combats, ces trois victoires : l'*Histoire de la société domestique*, dont le P. Ventura a fait un si bel éloge du haut de la chaire apostolique, la *Révolution*, et ses excellentes *Lettres sur le paganisme dans l'éducation*. Quant au *Signe de la Croix*, il est appelé à vaincre le naturalisme dans la vie privée. »

(*Le Monde*, 7 août 1863.)

Voici un extrait de la lettre adressée à l'auteur par Son Éminence le cardinal Altieri, préfet de la Congrégation de l'Index.

« Par la publication de votre très excellent ouvrage sur le Signe de la Croix, vous avez rendu un nouveau et bien signalé service à l'Église de Jésus-Christ : car vous avez fait connaître aux fidèles, sous la forme la plus attachante, tout ce que contient manifestement, ce qu'enseigne et ce qu'opère de sublime, de saint, de divin, et par conséquent de souverainement salutaire pour les âmes cette formule sacrée et aussi ancienne que l'Église catholique elle-même...»

www.ingramcontent.com/pod-product-compliance
Lightning Source LLC
Chambersburg PA
CBHW060206100426
42744CB00007B/1190